Berghofer Zwischen Wut und Verzweiflung

Das Buch

Der Autor arbeitete die erste Hälfte seines Lebens im Sozialismus, die zweite im Kapitalismus. Jetzt, wo er keine Rücksicht mehr nehmen muss, zieht er Bilanz. Es ist eine kritische Abrechnung insbesondere mit der aktuellen Verfasstheit des deutschen Staates.

Der Autor

Wolfgang Berghofer, Jahrgang 1943, gebürtiger Sachse, gelernter Maschinenbauer, Kreissportlehrer des DTSB, Eintritt in die SED 1964, seit 1968 hauptamtlicher FDJ-Funktionär. Von 1970 bis 1983 tätig im FDJ-Zentralrat, von 1986 bis 1990 Oberbürgermeister von Dresden. Im Dezember 1989/Januar 1990 Vize-Vorsitzender der SED-PDS, Austritt aus der Partei. Seit 1991 als selbstständiger Unternehmensberater in Berlin tätig, parteilos.

Wolfgang Berghofer

Zwischen Wut und Verzweiflung

Nüchterne Bilanz nach achtzig Jahren

edition ost

Inhalt

Ein Wort zuvor 7
Zertifikat 15
Ballast 41
Tuschkasten 65
Verblendung 79
Nationalismus 97
Pharisäer 115
Diktator 129
Massenverblödung 149
Inkompetenz 163
Vasallen 175
Doppelmoral 195
Demontage 211
Zukunft 223

Personenregister 242
Literatur 246

Ein Wort zuvor

*Die Wirtschaftskrise in Deutschland
nimmt Fahrt auf. Sie wird Dimensionen annehmen,
wie wir sie in der Bundesrepublik vermutlich
noch nie erlebten.
Die Sorgen der Bürgerinnen und Bürger,
ihren Wohlstand zu verlieren,
und um die Zukunft ihrer Kinder und Enkel,
ist begründet.*

Die heutige Welt verändert sich – zum Guten wie zum Schlechten – immer schneller. Schneller als wir uns anzupassen vermögen. Wir reagieren bestenfalls, aber agieren nicht. Wir sind passiv. Wir steuern sehenden Auges von einer Krise in die nächste. Und die Ausbeutung und die Zerstörung unseres Planeten führen in die Katastrophe. Aber wir wollen es nicht wahrhaben. Alles, was wir gegenwärtig erleben, hat letztlich seinen Ursprung in diesen Veränderungen, die der Mensch verursacht und die nur er selbst wieder korrigieren oder verbessern kann. Umweltzerstörung, Energiekrise, Finanzkrise, Bildungsmisere, Überalterung, Krieg, Flucht und Vertreibung, Armut, Kinderarbeit, Wohnungsmangel, unkontrollierte Zuwanderung, Bürokratisierung, Überregulierung, profitorientiertes Gesundheitswesen, Inflation, Überproduktion, Personalmangel usw.

Der Kapitalismus funktioniert nicht mehr …

Es war an einem trüben Novembertag 2022. Die Kreuzung war dicht. In der Karl-Liebknecht- und in der Spandauer Straße stauten sich die Fahrzeuge. Etliche Fahrer waren ausgestiegen, liefen nach vorn, um den Grund zu erkunden, weshalb es nicht vorwärts ging. Aufs Pflaster unweit der Marienkirche in der Berliner Innenstadt hatten sich einige junge Leute festgeklebt. Ah, eine Aktion der Letzten Generation. Einige umstehende Leute waren erkennbar wütend, viele schwiegen, weil eine Erregung allenfalls den Puls in die Höhe, aber die Protestler nicht von der Kreuzung treiben würde. Am lautesten am Straßenrand schrie ein dunkelhäutiger Mensch. Die Art der Artikulation deutete darauf hin, dass er vermutlich nicht in diesem Land geboren worden war. Nicht jeder Satz, den er ausstieß, war verständlich, wohl aber deren Sinn. Ihr Deutschen seid feige!, rief er. Sie sollten diese Vögel überrollen, sie einfach überfahren und so den Weg freimachen, lautete die herausgebrüllte Botschaft an die Umstehenden.

Einer von diesen entgegnete trocken: »Halt's Maul.«

Ohne die Festgeklebten zu kennen und ihre Intentionen zu teilen, war ich mir ziemlich sicher, dass sie kaum politisch rechts verortet werden konnten. Woraus zu schließen war, dass sie nicht nur das Klima, sondern mit gleicher Radikalität auch jeden Nichtweißen schützen und gegen rassistische Übergriffe verteidigen würden. So wie sie keine Rücksicht auf ihre eigene Gesundheit nahmen, würden sie gewiss auch für diesen Mann ihr Leben riskieren, wenn dieser Opfer fremdenfeindlicher Gewalt werden sollte.

Doch was machte ausgerechnet dieser Mann mit Migrationshintergrund?

Er rief zur Gewalt gegen sie auf.

War aber die verständliche und durchaus deeskalierende Aufforderung, das Maul zu halten, nicht bereits ausländerfeindlich konnotiert und gehörte darum scharf verurteilt?

Dieser aberwitzige Vorgang machte mir einmal mehr bewusst, dass es inzwischen keine Gewissheiten mehr gibt. Die gewohnten Frontlinien verschwimmen, die tradierten politischen Lager und Gesinnungsgruppen lösen sie auf – links und rechts, unten und oben, Absteiger und Aufsteiger, Ausbeuter und Ausgebeutete, Impfgegner und -befürworter, Nationalisten und Internationalisten, Semiten und Antisemiten, Quer-, Vor- und Nachdenker, Verschwörungstheoretiker, People of Color und Weiße, Menschen, Trans-, Bi-, Homo- und Asexuelle, gut oder böse, schwarz oder weiß … Schwierig, sich in diesem Wirrwarr noch zurechtzufinden. Wer kein eigenes inneres Koordinatensystem besitzt, an dem er oder sie sich einigermaßen orientieren kann, verliert leicht die Übersicht. Alles ist im Fluss, der jedes Etikett abwäscht, ob man nun mit oder gegen den Strom schwimmt.

Allenfalls Vorurteile bleiben haften. Ich weiß, wovon ich schreibe. Ich lebe seit Jahrzehnten mit ihnen.

Für einige bin ich der abtrünnige Renegat, weil ich im Januar 1990 von der Fahne ging. Ich ließ Gregor, den Vorsitzenden der SED, damals angeblich im Stich. Erst weil ich das mir angebotene Amt abgelehnt und ihm den Vortritt gelassen hatte, dann, weil ich als sein Stellvertreter den Bettel hinwarf. Und als publik wurde, dass ich mit etlichen anderen SED-Genossen zur SPD zu konvertieren gedachte, war ich endgültig unten durch. Allerdings kam es zu diesem Übertritt nicht, weil die ostdeutschen Sozialdemokraten dies zu verhindern wussten. Sie fürchteten um die qualifizierte Konkurrenz aus der Einheitspartei und um ihre in Aussicht gestellten Pöstchen. So ging ich in die Wirtschaft und ließ die Politik hinter mir. Nie wieder Partei, sagte ich, und sicherte mir das Recht auf eine eigene Meinung.

Diese Freiheit war allerdings auch in der neuen, in der kapitalistischen Zeit keineswegs grenzenlos. Wie ich bald erlebte, lag Marx mit seiner Analyse der ökonomischen Verhältnisse nicht falsch, und Lenin irrte nicht, wenn er beispielsweise meinte, dass jedes Monopol »unvermeidlich die Tendenz zur Stagnation und Fäulnis« erzeuge, und dass die Welt »in ein Häuflein Wucherstaaten und in eine ungeheure Mehrheit von Schuldnerstaaten gespalten« sei. Sein Irrtum bestand augenscheinlich jedoch darin, dass er glaubte, der Mensch werde sich ändern, wenn man nur Einfluss auf ihn und sein Leben nähme, ihn erzöge und die Rahmenbedingungen verändere, eine Gesellschaft erbaue, in der der Mensch nicht mehr des Menschen Wolf sei. Das Sein bestimme schließlich das Bewusstsein.

Nun, das damalige Erziehungsresultat war so wenig berauschend wie es das gegenwärtige ist, wo Schulabsolventen nicht einmal mehr lesen und schreiben können. Vernunft und Logik scheinen insgesamt verabschiedet:

Die Gefahren des Klimawandels sind erkennbar – sofern man nicht Trump heißt oder gehirnamputiert ist –, doch ein Klimagipfel nach dem anderen endet ergebnislos. Der Kapitalismus mit seiner selbstmörderischen Wachstumsideologie empört inzwischen fast jeden. Selbst die Redakteure des *Spiegel*. Doch dann studiert der Kapitalismuskritiker die Kurse seiner Aktien und entrüstet sich, wenn sie fallen und sein virtueller Reichtum schrumpft.

Wie ich las, bretterten Klimaaktivisten mit einem gemieteten SUV über die Autobahn zu jener Zufahrt, an der sie sich festklebten, um gegen die autofahrenden Umweltsünder zu protestieren. Pervers.

Günter Gaus benutzte für dieses politisch-pädagogische Scheitern die Metapher vom »alten Adam und der alten Eva«, womit er sagen wollte: Sie, also wir, zeugten keinen neuen Menschen, sondern immer nur wieder einen alten Adam und eine alte Eva. Die stets gegen alle Vernunft und ignorant in den Apfel bissen – wohl wissend, welche schweren Konsequenzen dies für sie haben würde, nämlich die Vertreibung aus dem Paradies. Sie tun's dennoch. Es ist wie mit einem Kind, das an der brennenden Kerze spielt. Lass das, du verbrennst dir die Finger, mahnt folgenlos die Mutter (oder der Vater). Bis es dann zischt …

In meiner Bibliothek daheim in Berlin-Mahlsdorf gibt es viele Bücher, die unsere irrationale Haltung kritisieren und skandalisieren. Besonders überzeugend und glaubwürdig sind jene Autoren, die den Raubbau an der Natur im Hardcover mit Schutzumschlag scharf verur-

Grimmiger Optimist mit breiten Schultern, Januar 2023

teilen. Es folgen im Dutzend Appelle und Ruck-Reden. Einige Titel erreichen tatsächlich mehrere Auflagen, die meisten finden sich schon nach wenigen Monaten auf den Wühltischen des »Modernen Antiquariats« wieder. Mein Ehrgeiz ist gering, mich diesen altersweisen Rufern in der Wüste hinzuzugesellen.

Warum dann trotzdem dieses Buch, das vermutlich bei einigen Zeitgenossen die gleichen Reaktionen hervorrufen wird wie das Festkleben auf dem Asphalt: Unmut und Unverständnis. Auch diese Publikation wird den evolutionären Selbstmord der Menschheit weder aufhalten noch verhindern. Wenn wir so weiter produzieren und konsumieren wie bisher – und wenig spricht gegen diese Annahme –, vergehen keine dreißig Jahre mehr bis zum Kollaps.

Ich schreibe nicht, um zum Ein- und Innehalten, gar zur Umkehr aufzurufen. Ich bin auch keine Kassandra. Das drohende Unheil ist längst bekannt. Ich muss also nicht Eulen nach Athen tragen.

Dieses Buch verstehe ich lediglich als einen Test hinsichtlich der Belastbarkeit der vom Grundgesetz garantierten Meinungsfreiheit. Werde ich rufgemordet oder totgeschwiegen? Ignoranz ist in unserer Mediengesellschaft schärfer als jeder Dolch.

Mir ist sehr wohl bekannt, dass auch andere sich auf dieses Grundgesetz berufen (was ihr gutes Recht ist, denn das GG gilt uneingeschränkt für alle Bundesbürger), weshalb es Mode geworden ist, dass man allein aus diesem Grund in eine bestimmte Ecke gestellt wird. Nur weil aber etwa die AfD sagt, dass zwei plus zwei vier sei, ist dies nicht falsch, und jener, der der gleichen Ansicht ist, muss nicht gleich ein Rechter sein.

Ich bin achtzig und muss nun keinen Geßler-Hut mehr grüßen. Die Cancel Culture ist mir so fremd wie das Gendersternchen. Darauf muss ich in meinem Alter keine Rücksicht nehmen und kann dies auch niederschreiben. Gottlob und Dank meiner Konstitution, die mich so alt werden ließ.

Wolfgang Berghofer,
Januar 2023

Zertifikat

Wir aus dem Osten geh'n immer nach vorn.
Schulter an Schulter für Eisern Union.
Hart sind die Zeiten und hart ist das Team.
Darum siegen wir mit Eisern Union.

Text: Nina Hagen

Geboren und aufgewachsen bin ich in der sächsischen Oberlausitz, einige Jahre war ich auch Oberbürgermeister in Dresden. Doch den größten Teil meines Lebens verbrachte ich in Berlin. In den neunziger Jahren baute ich am Rande der Hauptstadt ein Haus, das meiner Frau und mir, nachdem die Kinder aus dem Haus sind und die Enkel nur besuchsweise noch vorbeischauen, inzwischen zu groß geworden ist. Vermutlich werden wir hier nicht unseren Erdenkreis beschließen.

Im Vorgarten weht eine Fahne am Mast. Kein offizieller Stoff und nationales Bekenntnis, wie es in anderen Regionen Brauch ist. Aber ein Bekenntnis ist es durchaus. Das Banner ist dreifarbig, rot und weiß und etwas gelb – es sind die Farben des 1. FC Union Berlin. Ich bin schon mehr Jahre Fan des Vereins, als der Club in der Bundesliga ist, und inzwischen auch dessen Mitglied. Wenn Union bei einem Heimspiel ein Tor schießt, höre ich den Jubel bis in mein Arbeitszimmer. Das Stadion in Köpenick liegt nicht so weit entfernt, keine fünf Kilometer Luftlinie vielleicht. Der Verein ist mir also auch geografisch nahe. Und ich freue mich mit allen Ossis, dass sich – allen Unkenrufen zum Trotz – Union im Spitzenfeld der Bundesliga behauptet.

Wenn ich es richtig deute, wurzelt die inzwischen flächendeckende Sympathie für den Fußballverein und seine Spieler nicht in deren Fähigkeit, den Ball elegant übers Feld und durch die Reihen des Gegners zu treiben. Das Spiel ist nämlich nicht unbedingt schön, wenngleich beeindruckend effektiv.

Die besondere Zuwendung verdankt Union auch nicht seiner Vergangenheit in der DDR, wo der Club – da kein Ministerium, kein Großbetrieb oder eine andere mächtige Institution hinter ihm stand –, als ziviler Außenseiter und Alternative zum anderen hauptstädtischen Verein galt. (Da ging es ihm wie es heute etwa der SG Dynamo Dresden geht. Dem Verein in Schwarz-Gelb, den Farben der Stadt Dresden, fühlte ich mich als OB nicht nur verpflichtet – ich musste unter anderem Wohnungen und Autos für die Spieler organisieren –, ich fühlte und fühle mich ihm verbunden und litt mit ihm, als Dynamo 1995 die Erstligalizenz verweigert und in die Regionalliga verbannt wurde.

Der Grund: Der Vereinspräsident – ein hessischer Bauunternehmer mit FDP-Parteibuch und gerichtsnotorischer Betrüger – hatte dafür gesorgt, dass ein Minus von zehn Millionen Mark angehäuft worden war. »Mit der Saarbrücker Sportmarketingfirma Sorad war Dynamo eine knebelartige Verbindung eingegangen, die den Club 40 Prozent der Einnahmen kostete«, schrieb *dpa* im Mai 2020, ein Vierteljahrhundert nach jenem »Todesstoß«, von dem sich Dynamo, einer der erfolgreichsten und populärsten Vereine im Osten – achtmal DDR-Meister und siebenmal Pokalsieger – noch nicht wieder richtig erholt hat. Aktuell spielt man in der 3. Liga.)

Nach Herstellung der staatlichen Einheit waren den ostdeutschen Fußballvereinen vom DFB lediglich acht Plätze in der Bundesliga zugestanden worden, nur zwei davon in der obersten Klasse. Die Begründung für diese »Zurückhaltung«: fehlendes Vertrauen in die Wirtschaftlichkeit der Ostvereine.

Was im Klartext hieß: In den neuen Bundesländern, die am wirtschaftlichen Tropf der alten hingen, waren eben nicht die Millionen zu holen, die bereits im Westen im Profifußball bewegt wurden. Man nahm einzelne Talente aus dem Osten unter seine Fittiche, nicht aber deren Vereine. *Been drain* sozusagen. 2018 spielte kein einziger Ostverein mehr in der Bundesliga. Am längsten hatte sich noch Energie Cottbus dort behauptet. 2009 gingen auch in der Niederlausitz die Bundesligalichter aus.

Der 1. FC Union strampelte sich jedoch aus eigener Kraft aus dem Liga-Keller empor, getragen von einer Fanbase, wie das heute heißt. Eisern standen die Unioner zum Club, renovierten das Stadion, schleppten zum Jahresende Sofas auf den Rasen und sangen seit 2003 am Tag vor Heiligabend Weihnachtslieder zum Kerzenschein. Ganz in Familie, mit an die dreißigtausend Menschen. 2019 wurde Union erstklassig. Und seither behauptet sich die Mannschaft im Oberhaus des deutschen Profifußballs.

Union ist, und darum der etwas längere Exkurs, ein Symbol, eine Chiffre. Der Verein aus dem Osten spielt in der Elite des Westens, ohne selbst elitär zu sein. Und obgleich sich kaum ein Ostdeutscher im Kader befindet und niemand dort noch die deutsche Zweistaatlichkeit erlebte, weil erst in den neunziger Jahren oder später zur Welt gekommen, gilt Eisern Union als ostdeutscher Stachel im feisten Fleisch des Westens, als Speerspitze und Bollwerk gegen die morbide Macht des Kapitals. Auf dem Fußballrasen findet ein Stellvertreterkrieg statt. Hier kämpft der Osten gegen den Westen – auf Augenhöhe und mit den gleichen Waffen. Und da diese Auseinandersetzung in den letzten drei Jahren, entgegen den Experten-Prognosen, erfolgreich ist, versammeln sich immer mehr Ostdeutsche hinter dem rotweißen Banner. Union stiftet nicht nur ein Gemeinschaftsgefühl, sondern auch Identität. Die Mannschaft ist so, wie sich die meisten Ostdeutschen selbst sehen: arm, aber sexy, bescheiden und dennoch erfolgreich, geerdet und darum unterschätzt. Für Ossis gelten irdische Maßstäbe, sie lehnen Überflieger und Großmäuler ab. Geschätzt werden Beständigkeit und Behauptungswille, Einsatzbereitschaft und Selbstlosigkeit. Und ein wenig Trotz und Widerstand sind auch dabei. Union lebt all das, was unserer Nationalmannschaft abgeht.

Darum weht bei mir im Vorgarten – wie bei meinem Nachbarn jenseits der Straße und vor anderen Häusern hier in der Region – die Fahne von Eisern Union. Es hat nichts damit zu tun, dass ich mal in Bautzen als Kreissportlehrer tätig war und am Ende der DDR die Führung des Deutschen Turn- und Sportbundes (DTSB) angetragen bekam. Die rotweiße Union-Fahne ist mein politisches Statement. Das einzige …

Kann man ein politisches Buch auf diese Weise beginnen? Müsste ich ihm nicht ein gewichtiges Zitat eines bedeutenden Zeitgenossen oder eine philosophische Sentenz leitmotivisch voranstellen, damit zeigend, wie belesen der Autor ist und welch tiefgründige Reflexionen im Folgenden zu erwarten sind? Der von mir hoch geschätzte Klaus von Dohnanyi zitierte in seinem jüngsten Buch (»Nationale Interessen. Orientierung für deutsche und europäische Politik in Zeiten globaler Umbrüche«) auf der ersten Seite Gottfried Benn: »Erkenne die Lage. Rechne mit deinen Defekten, gehe von deinen Beständen aus, nicht von deinen Parolen.« Ich werde darauf noch zurückkommen.

Der eloquente, sprachlich brillante Thilo Sarazzin (»Deutschland schafft sich ab«) leiht sich als Parole einen Spruch von Ferdinand Lassalle: »Alle politische Kleingeisterei besteht in dem Verschweigen und Bemänteln dessen, was ist.«

Und Lothar Späth, der mir als Baden-Württembergs Ministerpräsident die Tür zur westdeutschen Wirtschaft öffnete und mir durchaus freundschaftlich zugetan war, donnerte seinem – gemeinsam mit Herbert A. Henzler – 1998 verfassten Buch das Zitat eines vermutlich bedeutenden, aber unbekannten schottischen Physiologen voran. »Die zweite Wende. Wie Deutschland es schaffen wird«, hieß das dicke Werk. Späth suchte nebulösen Optimismus im Jahr 1927 bei John Scott Haldane: »Ich habe keinen Zweifel, dass die Zukunft in Wirklichkeit viel überraschender sein wird als alles, was ich mir vorstellen kann. Ich habe sogar den Verdacht, dass das Universum nicht nur sonderbarer ist, als wir vermuten, sondern viel sonderbarer, als wir vermuten können.«

Nun, bekanntlich liegt zwischen *Deutschland, wir schaffen das* und *Deutschland schafft sich ab* ein sehr weites Feld. Es zu vermessen wäre zu vermessen, ich will nur meinen bescheidenen Kommentar liefern zu den Dingen, die mir auf diesem Acker begegneten und die mich inzwischen gleichermaßen traurig wie wütend stimmen. Trotz meines grimmigen Optimismus.

Dass dies kein Nölen eines Zuschauerdemokraten, sondern die Stellungnahme eines aktiven Staatsbürgers und Steuerzahlers ist, kann ich mit meinem Lebenslauf beweisen. Die Zeit vor 1990 möchte ich in meiner Vita so wenig missen wie die Jahre danach. Aber dieses Kapitel ist abgearbeitet und Geschichte. Wenngleich der Nachhall der DDR-Zeit auch mein Denken und Empfinden unverändert bestimmt. Das hat nichts mit Nostalgie zu tun, sondern ist ein natürlicher Reflex – der wohl eine natürliche Abwehr- und Schutzreaktion auf ungerechtfertigte Angriffe und ahistorische Blödheiten darstellt.

Ganz fokussiert auf mein Leben nach dem Bruch meiner und der Biografie von Millionen DDR-Deutschen, halte ich fest: Wir machten uns zwangsläufig auf zu neuen Ufern. Nicht unbedingt freiwillig. Ich bin mehr denn je der Überzeugung, dass die deutsche Einheit eher ein Beiprodukt der Bemühungen der USA war, die Welt nach ihren Vorstellungen zu gestalten. Seit dem Sieg der

Antihitlerkoalition über Nazideutschland verfolgten sie die Strategie, die Russen wieder aus Zentraleuropa zu verdrängen und sich selbst – anders als nach dem Ersten Weltkrieg – dauerhaft auf dem Kontinent zu behaupten. Im Rüstungswettlauf hatten die Amerikaner die Russen insofern abgehängt, als ihre ökonomischen Potenzen größer waren als die der Sowjetunion. Die Hochrüstung führte zum Kollaps des Riesenlandes, was auch Absicht gewesen war, denn ein atomarer Schlagabtausch hätte das Ende aller bedeutet. Seit den sechziger Jahren wussten beide Seiten: Wer als Erster schießt, stirbt als Zweiter. Also hieß es seitdem: nicht totschießen, sondern totrüsten. Das Ende der Sowjetunion trat 1991 ein und damit der Zusammenbruch des Ostblocks, zu dem ein Teil Deutschlands seit 1945 gehört hatte. So ergab sich denn zwangsläufig aus der neuen geostrategischen Situation auch die Klärung der deutschen Frage.

Das sahen wir damals nicht, als noch der Pulverdampf über die Schlachtfelder des Kalten Krieges zog. Der nationale Taumel – und wir Deutschen neigen ohnehin dazu, den eigenen Nabel für das Zentrum der Welt zu halten – verklärte den Blick. Deutschland, einig Vaterland – fantastisch. Gewiss war die Teilung künstlich, also widernatürlich gewesen. Aber sie war von den beiden Hauptmächten der Antihitlerkoalition durchgesetzt worden, nicht von den Deutschen selbst. Die hatten allenfalls kollaboriert – die Westdeutschen mit der westlichen, die Ostdeutschen mit der östlichen Führungsmacht. Und diese beiden handelten gemäß ihren nationalen Interessen, die mehr oder minder propagandistisch umhüllt wurden. Der nüchterne Analytiker Egon Bahr formulierte das einmal in einem Gespräch über Demokratie und Menschenrechte mit Gymnasiasten: »In der internationalen Politik geht es nie um Demokratie oder Menschenrechte. Es geht um die Interessen von Staaten. Merken Sie sich das, egal, was man Ihnen im Geschichtsunterricht erzählt.«

Das hatte Otto von Bismarck ähnlich formuliert, zwanzig Jahre bevor er Reichskanzler wurde: »Die einzig gesunde Grundlage eines großen Staates, und dadurch unterscheidet er sich wesentlich von einem kleinen Staate, ist der staatliche Egoismus und nicht die Romantik.«

Die Mauer war gefallen, die deutsche Zweistaatlichkeit überwunden. Das war ebenso Folge der Politik der Großmächte wie es schon die deutsche Teilung und die Errichtung der Mauer gewesen sind.

Diese Zusammenhänge waren mir seinerzeit nicht so deutlich bewusst wie ich sie heute sehe. Was ich im Frühjahr '90 allenfalls begriff: Weder meine mögliche Wiederwahl in Dresden noch die Fortsetzung der politischen Laufbahn waren realistisch. Zum Glück war ich bereits damals mit einer guten Portion Selbstvertrauen ausgestattet, was mir auch die Kontaktarbeit erleichterte. Ich verfügte über Menschenkenntnis, eine gewisse Eloquenz und ordentliche Umgangsformen, war fähig zu komplexem und strategischem Denken, was ich als Organisator von Großveranstaltungen unter Beweis gestellt hatte. Ich dachte und handelte unorthodox und pragmatisch zugleich, was mir mancher als Opportunismus auslegte. Das war Unsinn, darin folgte ich allenfalls

Bismarck, der schon 1853 in einem Brief empfohlen hatte: »Wir müssen mit den Realitäten wirthschaften und nicht mit Fictionen.«

Und die Realität in Deutschland 1990 war nun mal so wie bekannt.

Ich suchte und fand interessante Partner, um in der nicht nur für mich neuen kapitalistischen Wirtschaftswelt Fuß zu fassen. Es schien zunächst so, dass man in dieser Gesellschaft alles machen könnte, wenn man Talent, Fähigkeiten, Willen und Mut besaß. Zunächst! Die Schönwetterperiode endete zumindest für mich, als ich nicht mehr der bestaunte Exot aus dem Osten war, sondern Konkurrent.

Im Februar 1990 lud der Vorstandssprecher der Dresdner Bank den Dresdner Oberbürgermeister zu einem »Herrenabend« nach Frankfurt am Main. Unter Wolfgang Röllers illustren Gästen waren der Vizepräsident der Bundesbank Helmut Schlesinger, der FDP-Fraktionschef im Bundestag, Wolfgang Mischnick, Dieter Stolte, der Intendant des *ZDF*, und etliche andere Banker und Chefs von Versicherungsunternehmen. Die Diskussion der Frage, wie der Übergang von der Plan- zur Marktwirtschaft in der DDR vollzogen werden könne, zog sich in die Länge, weshalb ich über Nacht blieb. Am nächsten Tag aß Röller mit mir zu Mittag, und völlig unerwartet – zumindest für mich Naivling – kamen Walter Wallmann, der CDU-Ministerpräsident Hessens, Johanna Quandt, Hauptaktionärin von BMW in München, und andere einflussreiche Persönlichkeiten hinzu. Das Ganze uferte zu einem

Arbeitsessen aus, bei dem es um Chancen und Risiken der Wiedervereinigung ging, vornehmlich jedoch um das Problem, was man im Osten von der westdeutschen Wirtschaft erwarte – was natürlich die diplomatische Verkleidung der die Damen und Herren augenscheinlich sehr beschäftigenden Frage war, was sie selbst in der DDR zu finden hofften.

Diese Begegnung trug mir weitere Einladungen ein – ich war schließlich noch immer der erste Mann in einer der größten und im Westen wegen ihrer Kultur wohl auch bekanntesten DDR-Städte und darum für sie eine wichtige Figur. Eckart van Hooven, Vorstand der Norddeutschen Bank, die zur Deutschen Bank gehörte, lud mich und meine Familie zu Ostern ins Gästehaus der Deutschen Bank auf Sylt ein. Dort machte mich das langjährige Präsidiumsmitglied des CDU-Wirtschaftsrates mit Michael Otto, dem Chef des nach ihm benannten Versandhauses, bekannt. Von Sylt ging es nach Hannover, wo ich mit Herbert Schmalstieg (SPD), dem OB der niedersächsischen Landeshauptstadt, konferierte. Dort lernte ich auch Ernst Albrecht (CDU) kennen, der soeben sein Ministerpräsidentenamt an Gerhard Schröder (SPD) verloren hatte …

Überall – und egal, welches Parteibuch meine westdeutschen Gesprächspartner besaßen – wurden die gleichen Themen behandelt. Ich meinte große Ernsthaftigkeit und ein echtes Interesse an der deutschen Frage, die nun offensichtlich ihrer Beantwortung entgegenstrebte, zu verspüren. Bei den meisten, insbesondere bei den Wirtschaftskapitänen und Bankmanagern, registrierte ich die Abwesenheit ideologischer Scheuklappen oder gar Berührungsängste. Jener moralische Rigorismus, mit dem andere im Osten bereits mit der DDR und ihrem Personal abrechneten, schien diesen Leuten gänzlich fremd zu sein. Sie empfanden die Herstellung der staatlichen Einheit und des inneren Friedens als eine Herausforderung und natürlich auch als Chance, die Umsätze ihrer Unternehmen zu steigern.

So blauäugig war ich allerdings nicht, um hinter all der Freundlichkeit – die bei den meisten keineswegs gespielt war – nicht auch merkantiles Interesse zu sehen. 108.000 Quadratkilometer und sechzehn Millionen Menschen waren ein interessanter Markt. Und hinter diesem kamen der polnische und der tschechische Markt, das Baltikum, die Ukraine, Belorussland, die Sowjetunion … Dorthin hatte die DDR traditionelle Kontakte, die sich für Geschäftsanbahnungen nutzen ließen.

Natürlich waren sie alle deutsche Patrioten, aber in erster Linie waren sie Geschäfts- und getreue Gefolgsleute der Philosophie des Kapitalismus: Wachstum durch Expansion.

Am 29. April 1990, am Beginn meines letzten Dienstmonats, traf sich der *Bergedorfer Gesprächskreis* zu seiner Zusammenkunft im Hotel Bellevue in Dresden. Seit 1961 erörterte eine kleine Runde hochrangiger internationaler Politiker und Experten vertraulich Grundfragen deutscher und europäischer Außen- und Sicherheitspolitik in Hamburg. In der Zeit der Blockkonfrontation fanden auch DDR-Vertreter den Weg in die Hansestadt an der Elbe, seit 1987 Partnerstadt Dresdens. Daher auch das inzwischen neunzigste Meeting des Gesprächskreises in meiner Elbstadt.

Das »Forum für Impulse« wurde von der Körber-Stiftung getragen. Kurt A. Körber hatte in den zwanziger Jahren im sächsischen Mittweida studiert, in den dreißiger Jahren trat er in die Universelle-Werke in Dresden ein, deren Technischer Direktor er 1940 wurde. Nach dem Krieg baute er in Hamburg-Bergedorf u. a. die Hanseatische Universelle auf und rief mehrere Stiftungen ins Leben. 1989 hatte ihm die Technische Universität Dresden die Ehrendoktorwürde verliehen; auch die DDR schätzte die Verdienste des Unternehmers, dem nachgesagt wurde, dass seine Mutter Rosa Luxemburg nahegestanden und das soziale Denken und Handeln ihres Sohnes geprägt habe. (Körber übergab z. B. bei seinem Dresden-Besuch 40.000 Geschichtslehrbücher eines westdeutschen Verlages an die Schulen des Bezirkes. Die zwanzig Tonnen Bücher für die Klassenstufen 5 bis 12 wurden dankbar angenommen, doch nach Sichtung durch Wissenschaftler der Pädagogischen Hochschule monierten diese, dass darin »die Regional- und die DDR-Geschichte schlecht wegkämen«. Dr. Renate Kappler, Geschichtsdidaktikerin an der PH Dresden, warnte deshalb vor ungeprüften, teilweise in der BRD ausgesonderten Schulbuchsendungen: »Dadurch kommt ein völlig verschrobenes Geschichtsbild in die Köpfe, dagegen müssen wir etwas tun. Deshalb brauchen wir rasch Verständnis in unserem Land dafür, dass wir bestimmte, gute Schulbücher der BRD übernehmen, andere aber ablehnen«, zitierte die Ostpresse die Dresdner Gutachterin.)

Dafür konnte natürlich Körber nichts. Wir fanden jedenfalls bald einen gemeinsamen Draht, der auf gegenseitigem Verständnis und freundschaftlicher Verbundenheit gründete. Unverblümt prophezeite er mir, dass ich demnächst »geschlachtet« werden würde: von den Medien wie von den politischen Konkurrenten, schließlich sei ich ein namhafter SED-Funktionär. Um mich zu schützen, machte er mir ein Angebot, das auch aus heutiger Sicht ungewöhnlich und großzügig war: Er trug mir das Amt des Generalsekretärs des *World Wide Fund For Nature* (WWF) mit Dienstsitz in Südafrika an, um mich, wie er sagte, aus der Schusslinie zu nehmen. Und versprach mir, bis zu meinem Lebensende das Gehalt eines Hamburgischen Staatsrates – etwa 12.000 D-Mark monatlich – zu zahlen.

In Südafrika herrschte noch das Apartheid-Regime, da konnte und wollte ich nicht hingehen. Außerdem glaubte ich, dass Körber hinsichtlich des Schlachtefestes wohl ein wenig übertrieb.

Ich schlug seine Offerte aus.

Körber behielt allerdings mit seiner Warnung insofern recht, als Klaus Kinkel als Bundesjustizminister im September 1991 auf dem 15. Deutschen Richtertag in Köln erklären würde: »Es muss gelingen, das SED-System zu delegitimieren.« Er baue auf die deutsche Justiz.

So weit aber waren wir noch nicht, als der über achtzigjährige Körber den Gesprächskreis am 29. April '90 eröffnete: »Wie geht es weiter mit den Deutschen in Europa?« Damit sollte über den deutschen Tellerrand geblickt werden, denn es zeichnete sich ab, dass der angelaufene Vereinigungsprozess zur nationalen Nabelschau werden würde. Die Diskussion leitete der Rektor des St. Anthony's College in Oxford, Sir Ralf Dahrendorf. Willy Brandt, Manfred Stolpe und Lothar Späth beteiligten sich mit eigenen Beiträgen.

Auch Kurt Biedenkopf war gekommen, der auf Vermittlung von Hans Modrow aktuell eine Professur für Volkswirtschaftslehre an der Leipziger Karl-Marx-Universität innehatte. Ich war Biedenkopf schon einige Male begegnet. Er hatte, einst Vertrauter von Kohl, dessen Gunst verloren, verschiedene Parteiämter aufgeben müssen und sich 1988 gänzlich aus der Tagespolitik zurückgezogen. Dass Biedenkopf schon bald ein Comeback als Politiker und das auch noch in Sachsen feiern sollte, war im Moment nicht absehbar.

Ich sprach in der Diskussion zur historischen Dimension des Umbruchs in der DDR und den Folgen für Deutschland und Europa.

In der Pause kam Lothar Späth, der Ministerpräsident von Baden-Württemberg, auf mich zu und sagte, er habe den Auftrag, ein Treffen mit Rudi Häussler – Chef eines mittelständischen Dienstleistungsunternehmens für Bürowirtschaft – zu ermöglichen. Dieser wünsche mich zu sehen. Ich hatte Rudi Häussler im Februar 1990 in Davos beim Weltwirtschaftsforum kennengelernt.

»Wo?«, fragte ich.

»Na, in Stuttgart«, entgegnete Lothar Späth.

»Und wann?«

»Ich fliege am Nachmittag zurück«, sagte Späth. »Sie können gleich mitkommen.«

Der Schwabe Späth gab sich als Mann der kurzen Dialoge und schnellen Entscheidungen zu erkennen, er wirkte entschlossen und pragmatisch. Das machte ihn mir sympathisch.

An dieser Stelle wechsle ich die Perspektive, ich werde meinen Erzählfaden später wieder aufnehmen.

Michael Richter verfasste nach der Jahrtausendwende einen über tausend Seiten dicken Wälzer über die »Bildung des Freistaates Sachsen«. Er hatte an der Humboldt-Universität zu Berlin Theologie studiert, war Mitglied des Lyrikzirkels der *Jungen Welt* gewesen und 1981 aus der DDR ausgereist. In diesem Werk berichtete der nunmehrige Historiker vom Hannah-Arendt-Institut für Totalitarismusforschung an der TU Dresden über mein Verhältnis zu Lothar Späth und andere Konservative, was ich hier ausführlich zitieren möchte. Sein Text belegt überdies, was Körber mir prophezeit hatte.

»Späth hatte bei gemeinsamen Auftritten mit Berghofer erlebt, dass diesem in der Bevölkerung Sympathie entgegengebracht wurde und hielt ihn auch deswegen für geeignet, künftige Führungsaufgaben zu übernehmen. Ähnlich war Biedenkopfs Einschätzung, der ihn Anfang des Jahres ebenfalls aufgefordert hatte, an seiner politischen Karriere zu arbeiten. Berghofer hatte dies mit der Begründung abgelehnt, seine SED-Vergangenheit lasse dies nicht zu, er habe ›Dreck am Stecken‹. Er rechnete damit, dass ihn Personen wie Steffen Heitmann oder Herbert Wagner, die er aus der Arbeit mit der ›Gruppe der 20‹ kannte, politisch angreifen würden.

Ungeachtet solcher Erwägungen drängte Späth nach dem Beitritt von Vaatz und anderen Mitgliedern der Bürgerbewegung den Dresdner CDU-Verband, auch Berghofer aufzunehmen.« (Am Tag vor Beginn des Bergedorfer Gesprächskreises, am 28. April, hatte die DDR-Nachrichtenagentur *ADN* verbreitet, dass »gegen den Dresdner Oberbürgermeister Wolfgang Berghofer und den 1. Sekretär der früheren SED-Stadtleitung, Werner Moke, Ermittlungsverfahren wegen Wahlfälschung gemäß Paragraf 211 des Strafgesetzbuches eingeleitet« worden seien.)

Richter schrieb weiter: »Nun bastelte Späth stattdessen an seiner (*also meiner* – W. B.) CDU-Karriere, ohne ihn nach eigenem Bekunden überhaupt einzuweihen.«

Das erinnerte mich stark an die Kaderentscheidungen in der DDR. Sie wurden oft getroffen, ohne vorher den Kader über die höherenorts entschiedenen Pläne zu informieren. Bei Ablehnung kam das Instrument »Parteiauftrag« zur Anwendung.

»Freilich stieß Späth damit bei Klaus Reichenbach auf entschiedenen Widerstand. Für ihn kam ein CDU-Beitritt der Reformkommunisten nicht infrage. Späth drohte daraufhin damit, Berghofer in der Baden-Württemberger CDU aufnehmen zu lassen und schrieb der CDU in Dresden einen ›bösen Brief‹. Nun versuchten Reichenbach und Vaatz parallel, Späth von seiner Idee abzubringen. Reichenbach tat dies, weil Berghofers Beitritt im Sinne früher Nähe von SED und CDU gedeutet werden konnte, Vaatz wegen prinzipieller Vorbehalte gegen die bisherigen Nomenklaturkader. Er protestierte schriftlich bei Späth und schickte Kopien des Schreibens an Teufel und Helmut Rau. Teufel intervenierte daraufhin intern gegen eine Aufnahme Berghofers und setzte das Thema auf die Tagesordnung des Baden-Württembergischen CDU-Landesvorstandes. Dieser befasste sich in Gegenwart Reichenbachs mit der Problematik, der hier erklärte, auch wenn Späth und Berghofer ›dicke befreundet‹ seien, komme eine CDU-Karriere Berghofers nicht infrage.

Der Landesvorstand stimmte dieser Auffassung mehrheitlich zu, und Späth musste einen Rückzieher machen.« Lange bevor Richters Buch gedruckt war, hatte mich ein befreundeter Hamburger Journalist, Michael Jürgs, über die Vorhaben der Baden-Württembergischen CDU in Kenntnis gesetzt.

Wie man sieht, waren und sind parteiinterne Auseinandersetzungen und Konflikte keine Domäne der Linken. Intrigen gehören wohl zur Praxis jeder Partei. Schon Konrad Adenauer, diese rheinischer Frohnatur, kannte diese Steigerungsform: Feind – Todfeind – Parteifreund.

Und da die Zeit inzwischen fortgeschritten und Namen und Funktionen längst vergessen sind, will ich kurz nachtragen: Heitmann und Wagner gehörten zu den zwanzig Sprechern, mit denen ich nach den gewaltsamen Zusammenstößen auf der Prager Straße im Oktober 1989 als Stadtoberhaupt das Gespräch geführt hatte. Der Kirchenjurist Steffen Heitmann sollte im Herbst 1990 Justizminister Sachsens und auf Wunsch von Kanzler Kohl 1994 Bundespräsident werden, musste aber nach ultrakonservativen und reaktionären Äußerungen über die Rolle der Frau, den Holocaust und über Ausländer seine Bewerbung zurückziehen. Nach Protesten von sächsischen Richtern trat er 2000 als Minister zurück, und 2015 verließ er wegen der Flüchtlingspolitik der Merkel-Regierung die CDU. Die *Frankfurter Allgemeine Zeitung* zitierte ihn damals mit dem Satz: »Ich habe mich noch nie – nicht einmal in der DDR – so fremd in meinem Land gefühlt.«

Dr.-Ing. Herbert Wagner, Absolvent der TU Dresden, gehörte im Herbst '89 zu den Mitorganisatoren der Montagsdemonstrationen in Dresden und sollte mit CDU-Ticket von 1990 bis 2001 mein Nachfolger im Rathaus werden.

Klaus Reichenbach, seit 1969 Mitglied der CDU, 1988 Vorsitzender des CDU-Bezirksverbandes Karl-Marx-Stadt, amtierte von April bis Oktober 1990 als Minister in der letzten DDR-Regierung. Er galt als Anwärter für das Amt des sächsischen Ministerpräsidenten 1990, was dann jedoch der Westimport Kurt Biedenkopf wurde. 1991 trat Reichenbach vom Vorsitz des sächsischen CDU-Landesverbandes zurück. Er saß von 1990 bis 1994 im Bundestag und von 1997 bis 2016 im Vorstand des Deutschen Fußball-Bundes (DFB). Zudem leitete er 25 Jahre lang den Sächsischen Fußball-Verband (SFV). »Für seine außerordentlichen Verdienste um den Fußball in Deutschland« wurde der »Ehrenpräsident des SFV« auf dem Bundestag des DFB 2016 zu dessen Ehrenmitglied »ernannt«.

Dem Dresdner Diplommathematiker Arnold Vaatz, seit Februar 1990 in der CDU, wird zugeschrieben, dass er maßgeblich zur Verhinderung von Reichenbach und zur Wahl Biedenkopfs als erstem Ministerpräsidenten Sachsens beigetragen habe. Er war von 1990 bis 1998 Landtags- und danach, bis 2021, Bundestagsabgeordneter. In den neunziger Jahren war er unter MP Biedenkopf Staatsminister in Sachsen.

Der CDU-Fraktionschef im Stuttgarter Landtag Erwin Teufel wurde nach Späths Rücktritt im Januar 1991 Ministerpräsident Baden-Württembergs und blieb es bis 2005, als er wegen innerparteilicher Querelen seinen Platz für Günther Oettinger räumte.

Helmut Rau war 1990 Bezirksgeschäftsführer der CDU Südbaden.

So weit die Personalien, zurück zum 29. April 1990.

Ich stieg also in Späths Maschine und stand schon am frühen Abend im Stuttgarter Schlosshotel dem Unternehmer Rudolf Häussler, Ehrensenator der Universität Hohenheim, gegenüber. Es folgte in einem Séparée ein Gespräch unter sechs Augen, das mein weiteres Leben grundlegend verändern sollte.

In den nachfolgenden vier Wochen jagte ich mit Auto, Bahn und Flieger von Termin zu Termin. Wer jemals von einem festen Job in die Arbeitslosigkeit oder zu einer grundlegend anderen Tätigkeit gewechselt ist, kennt diesen rastlosen Aktionismus. Man füllt die plötzliche Leere und versucht gleichzeitig wieder Boden unter den Füßen zu bekommen.

Am 1. Mai war ich mit meiner Frau und unserem Sohn bei Häussler am Bodensee, dort hatte er in Konstanz ein repräsentatives Anwesen. Ich sprach am Vormittag mit Häussler über die Etablierung seines Unternehmens in der DDR und worin meine Aufgabe dabei bestehen sollte. Die Häussler-Gruppe agierte weltweit und war Komplettanbieter für schlüsselfertige Bürogebäude, investierte in und baute selbst Einkaufszentren, Hotels und Wohnanlagen.

Am Mittag kam Späth zum Essen hinzu. Danach erschien der Chef des Bauunternehmens SÜBA, Hans Schlampp, der seine Absicht vortrug, die plattenproduzierenden Kombinate der DDR unter dem Dach seiner Firma zu vereinen. Think big, schien die Devise zu lauten, nicht kleckern, sondern klotzen. Ich sollte ihm dabei behilflich sein.

Ich hob die Hände, versprach aber, einen Kontakt zu Dr. Axel Viehweger herzustellen. Mein ehemaliger Stadtrat für Energie war inzwischen Minister für Bauwesen, Städtebau und Wohnungswesen der DDR.

Am 6. Mai, nachdem ich 8.20 Uhr in Dresden gewählt hatte, flog ich nach Frankfurt am Main, wo mich im Kempinski einer der Chefs von Bertelsmann erwartete, um mit mir ein Buchprojekt zu besprechen.

Mitte Mai verbreitete die westdeutsche Nachrichtenagentur *dpa* meinen Einstieg bei Häussler. »Heftige Kritik übte die Junge Union Nordwürttembergs an der geplanten Berufung, weil so ein ›Oberwendehals‹ auch noch vom Westen belohnt werde.«

Am 22. Mai war ich Gast von Klaus Schwab in Genf. Ich hatte ihn in Davos kennengelernt, wo er das von ihm gegründete Weltwirtschaftsforum leitete, zudem gehörte er dem Lenkungsausschuss der Bilderbergkonferenzen an. Schwab hatte auch ein Treffen mit dem Chef der Bank Vontobel in Zürich arrangiert, den ich am 25. Mai zum Abendessen traf. Wir fuhren mit der Straßenbahn zum Restaurant und liefen zu Fuß zurück, was mich ziemlich beeindruckte. Ich erlebte zum ersten Mal, was ich später noch viele Male feststellen konnte: Die wirklich Vermögenden gaben sich natürlich und bescheiden und verachteten insbesondere die sogenannten Neureichen, welche ihren Besitz arrogant und überheblich herausstellten. Dabei, so schien mir, ging es ihnen weniger um die Vermeidung von Neid, der angeblich bei jenen entstand, die wenig besaßen – und das war nun mal die Masse der Menschen –, sondern weil sie ihren – ererbten oder erarbeiteten – Reichtum eher als Verpflichtung fürs Gemeinwohl und nicht als Auftrag zum individuellen Müßiggang verstanden.

In jenen Tagen, am 31. Mai 1990, endete auch formal meine Anstellung in Dresden, der neue OB war bereits Tage zuvor in sein Amt eingeführt worden. In Berlin beschloss auf Antrag der Deutschen Sozialen Union (DSU) die Volkskammer die Beseitigung der DDR-Symbole und die Einsetzung einer »Unabhängigen Kommission zur Überprüfung des Vermögens von Parteien und Massenorganisationen der DDR«.

Die Mitglieder jener Partei, deren Vize-Vorsitzender ich für wenige Wochen war, fürchteten nun die Enteignung, mehrere zehntausend Menschen protestierten am 2. Juni im Berliner Lustgarten gegen die »Lex PDS«, wie sie es nannten. Und während der Vorsitzende der Partei, Gregor Gysi, sich in Wien mit dem Altkanzler

Bruno Kreisky traf (Kreisky sollte im Juli sterben), stellte mich in Stuttgart-Vaihingen Rudi Häussler auf einer Pressekonferenz als den Generalbevollmächtigten der Unternehmensgruppe in der DDR vor. Die Gleichzeitigkeit war Zufall, aber die beiden Termine demonstrierten auf sinnfällige Weise, dass sich unsere Wege nicht nur getrennt hatten, sondern dass wir nunmehr in gänzlich verschiedene Richtungen marschierten.

In der Folgezeit ermöglichte mir das Unternehmen, bei dem ich nun beschäftigt war, den Besuch einer ganzen Reihe von Qualifizierungsmaßnahmen, manche – wie etwa bei IBM oder an der Universität Hohenheim – zogen sich über Wochen hin. Zudem konnte ich ein Netzwerk aufbauen. So wagte ich es nach zwei Jahren, ein eigenes Unternehmen zu gründen: Ich beriet Firmen, die sich im Osten Europas, insbesondere in Russland, engagieren und Fuß fassen wollten. Zu meinen Kunden gehörten unter anderem Unternehmen der Häussler-Gruppe, die Dürr AG, ein Maschinen- und Anlagenbauer aus Stuttgart, und die August Brötje GmbH, ein Heizungshersteller in Niedersachsen. Wichtige Kunden waren die MR Plan Group Donauwörth, die sich nach Ungarn und China orientierte, und verschiedene ostdeutsche Kommunen.

Lange Zeit beriet ich auch die Würzburger BVUK-Gruppe (Betriebliche Vergütungs- und Versorgungssysteme für Unternehmen und Kommunen). Die Unternehmensgruppe beschäftigte sich insbesondere mit Modellen der betrieblichen Altersversorgung in Kommunen und Unternehmen, sie entwickelte individuelle und unternehmensspezifische Vergütungs- und Versorgungssysteme, in denen sowohl die Interessen von Arbeitgebern wie auch von Arbeitnehmern berücksichtigt wurden. 2017 gab ich nach mehr als zehn Jahren den Vorstandsvorsitz des BVUK Verbandes e.V. ab. Mit Mitte siebzig, so meinte ich, könnte ich ein wenig kürzer treten. Das hieß jedoch nicht, dass ich meine Tätigkeit gänzlich einstellte. Ich bin nach wie vor in der Wirtschaft tätig, pflege alte Verbindungen und knüpfe neue Kontakte, berate Unternehmen und Institutionen, die Hilfe benötigen.

Dass der Aktionsradius kleiner geworden ist, hängt nicht zuletzt mit der Sanktionspolitik des Westens gegenüber Russland zusammen.

Und hierzulande schlage ich mich mit den Folgen dieser Politik herum. Mit Ansichten und Haltungen, die ich früher mitunter teilte, sie aber nunmehr aufgrund neuer Erkenntnisse und Einsichten kritisiere. Da geht es mir wie Bismarck, der am 12. Februar 1885 vorm Reichstag selbstkritisch bekannte: »Es gibt eine Menge Leute, die haben ihr ganzes Leben hindurch nur einen einzigen Gedanken, und mit dem kommen sie nie in Widerspruch. Ich gehöre nicht zu denen; ich lerne vom Leben, ich lerne, solange ich lebe, ich lerne noch heute. Es ist möglich, dass ich das, was ich heute vertrete, in einem Jahre oder in einigen, wenn ich sie noch erlebe, als überwundenen Standpunkt ansehe und mich selbst wundere: Wie habe ich früher dieser Ansicht sein können?«

Früher, in der Vor-Wendezeit, hatten mir einige den Spitznamen »Bergatschow« verpasst. Das schmeichelte mir, da es den Namen des Dresdner OB mit dem des ersten Mannes der Sowjetunion, der im Westen als Reformer gefeiert wurde, verknüpfte. Nicht nur die etwa 25.000 Dresdner, deren Ausreiseanträge im Oktober 1989 auf meinem Tisch lagen, verbanden ihre Hoffnungen sowohl mit dem Russen als auch mit mir.

Gorbatschow war, wenngleich kein Freund Putins, aber eben auch ein nationalistischer Russe. Im Herbst 2014 verteidigte er zum Erschrecken des Westens die Übernahme der Krim, man könne die Halbinsel nicht von Russland »losreißen«, sagte er. Wenn er jetzt Präsident wäre, hätte er es genauso gemacht wie Wladimir Putin. Entsetzt fragte sich der *Tagesspiegel* damals: »Vielleicht beruht Gorbatschows ungebrochen positives Image in Deutschland ja auch zu großen Teilen auf einem Missverständnis.«

Und auf die Ankündigung von US-Präsident Barack Obama, Russland werde für seine Aggression teuer bezahlen, wobei er in diesem Kontext Russland mit der Seuche Ebola verglich, reagierte Michail Gorbatschow laut *Tagesspiegel* vom 6. Oktober 2014: »»Es gibt nur ein wesentliches Fieber auf der Welt – die USA und ihren Führungsanspruch‹, sagte er. Die Ukraine werde von der US-Regierung nur als Vorwand genommen, um weiter nach Vormacht zu streben. Es gebe Anzeichen für einen neuen Kalten Krieg. ›Die Welt steht am Abgrund eines großen Unglücks.‹«

Möchte man angesichts der heute vorherrschenden Meinung noch »Bergatschow« genannt werden, obwohl Gorbatschow zuzustimmen ist? Wenngleich grimmiger

Optimist, sehe auch ich ziemlich schwarz. Wir werden immer mehr und immer älter und fressen den Planeten kahl. Verknappung und Verschmutzung des Wassers weltweit ist so verheerend wie der Klimawandel. Die Vernichtung der Artenvielfalt bei Flora und Fauna, der grenzenlose Verbrauch von begrenzt vorhandenen Rohstoffen, explodierender Energieverbrauch, der Plastikmüll in den Ozeanen – wir stehen vor Problemen, die alle gleichzeitig gelöst werden müssen. Da verwundert der irrwitzige Gedanke in kranken Herrscher-Hirnen nicht, dass ein Atomkrieg alle Probleme auf einen Schlag löste. Denn dann gibt es nämlich die Menschheit nicht mehr, die alles verursacht hat.

Manchmal geht es mir wie Heinrich Heine in seinen *Nachtgedanken*:

Denk ich an Deutschland in der Nacht,
Dann bin ich um den Schlaf gebracht,
Ich kann nicht mehr die Augen schließen,
Und meine heißen Tränen fließen.

Ballast

Es heiße ja immer,
man dürfe ganz verschieden sein,
solange man sich auf dem Boden
der Verfassung bewege, sagte Merkel.
»Doch, ganz ehrlich«, sagte sie,
so einfach sei es eben nicht.

Süddeutsche Zeitung, 3. Oktober 2021

Erstaunlicherweise gelangte ein CDU-Politiker – Ralph Brinkhaus, Vorsitzender der Unions-Bundestagsfraktion, bis ihn Friedrich Merz verdrängen sollte – zu der Erkenntnis: »Wir brauchen eine Modernisierung unserer kompletten Staatlichkeit, wir brauchen in diesem Land eine kleine Revolution.« Es war Ende März 2021, die Große Koalition regierte, das Land befand sich im dreizehnten Monat der Corona-Epidemie und im zweiten Lockdown. Obervirologe Karl Lauterbach (SPD) gab wie gewohnt den alleswissenden Oberlehrer, doch Brinkhaus befand staatsmännisch und zutreffend: »Auf diesem Land, auf diesem Staatswesen liegt der Staub von 200 Jahren, und diesen Staub müssen wir spätestens jetzt in der Krise beseitigen.«

Das Bundestags-Protokoll vermerkte an dieser Stelle »Beifall bei der CDU/CSU« und den Zwischenruf des Parlamentarischen Geschäftsführers der Linken, Jan Korte:

»Revolution ist nicht Ihr Ding!« Womit der Linke nicht falsch lag. Aber das traf auch auf seine Partei zu.

Wir wissen inzwischen: Die Revolution fiel aus, »der Staub von 200 Jahren« lastet noch immer »auf diesem Staatswesen«.

Inzwischen sind zu den zweihundert zwei weitere Jahre hinzugekommen.

Es ist leichter zu kritisieren als zu regieren. Man muss nicht auf *Phoenix* Bundestagsdebatten verfolgen, um zu sehen, dass diese Feststellung stimmt. Und es entbehrt nicht einer gewissen Komik, wenn die heutige Unions-Opposition jene Maßnahmen scharf attackiert, die sie gestern als Regierungspartei beschlossen oder mitgetragen hatte. Davor bewahrt auch die berühmte Warnung des Vorsitzenden einer damals gerade regierenden Partei nicht, die er nach seiner Wahl ins Mikrofon gerufen hatte: »Opposition ist Mist.« Müntefering (SPD) 2004.

Was ist das Gegenteil von »Mist«?

Wenn ich die Leidensmiene des aktuellen Bundesministers für Wirtschaft und Klimaschutz der Bundesrepublik Deutschland sehe oder mich der hängenden Mundwinkel unserer einstigen Bundeskanzlerin erinnere, habe ich nicht den Eindruck, dass Regieren großen Spaß bereitet. Die Amtsträger wirken ausnahmslos gehetzt, die Last der Verantwortung scheint sie zu Boden zu drücken. Geben sie sich so, um das Mitleid des Wahlvolks zu bekommen? Aber warum haben sie sich dann in diese Funktion wählen lassen? Sie hat doch niemand gezwungen, sich für uns auf dem Altar des Vaterlandes zu opfern. Es war ihre Entscheidung. Sie selbst haben doch um einen aussichtsreichen Listenplatz oder um ein Direktmandat gekämpft. Hat es sie derart gereizt, täglich in den Medien abgelichtet und zitiert zu werden? Umschwärmt von Hofschranzen, Wichtigtuern und Personenschützern, von Intriganten, Lobbyisten und Schmarotzern?

Oder war's die Flucht vor dem »Mist«?

Rettung bietet der Rücktritt. Gegen den wehren sich die meisten aber allein schon deshalb, weil die Oppositionspolitiker ihn bei jeder Gelegenheit fordern.

Nicht zu vergessen: der Verlust von Ansehen, Prestige, Vergütung, Steuervorteilen, Pensionsansprüchen, noblen Dienstwagen und exklusiven Verbindungen, ja, auch das: die Aufgabe der Immunität …

Das parlamentarische Leben ist ritualisiert und hält nur noch wenige Überraschungen bereit. Alles ist ausrechenbar. Das gesamte politische System der Bundesrepublik ist verkrustet. Angesichts der gegenwärtigen Rückwärts-Entwicklung erscheint Stagnation bereits als Fortschritt. Auch wenn die Bundesrepublik Deutschland sechs Jahre jünger ist als ich, ist ihr politischer Apparat fast so knöchern wie das Kaiserreich. Und das lag ein Menschenleben vor meiner Geburt. Man möchte dennoch Bismarck auf Transparente pinseln, nämlich was der Eiserne Kanzler am 12. Juni 1882 im Reichstag ausrief, und wäre damit unserer Gegenwart weit voraus: »Etwas mehr Sozialismus wird sich der Staat bei unserem Reiche überhaupt angewöhnen müssen.«

Aber: Wir schleppen stattdessen anderes antiquiertes Erbgut aus Bismarcks Tagen mit uns herum. Erst 2018 wurde der sogenannte Majestätsbeleidigungsparagraf – § 103 StGB – gestrichen. Der türkische Präsident hatte einen deutschen Satiriker wegen Beleidigung angezeigt. Nun endlich, im 21. Jahrhunder, fand auch das Parlament, dem doch so viele Juristen angehören, dass dieser Paragraf aus dem 19. Jahrhundert »für die Zukunft entbehrlich« sei, wie Angela Merkel den Sachverhalt ironisch kommentierte.

Nicht nur »entbehrliche« Vorschriften überdauerten die Weimarer Republik, das Dritte Reich und die deutsche Zweistaatlichkeit. Verunglimpfung des Staates und seiner Symbole, Bildung krimineller Vereinigungen und dergleichen: Alles noch gültige und angewandte Paragrafen aus dem kaiserlichen Strafgesetzbuch. Länger existieren nur noch die Zehn Gebote ...

2007 veröffentlichten die Wissenschaftlichen Dienste des Deutschen Bundestages die Dokumentation »Zum rechtlichen Fortbestand des ›Deutschen Reichs‹«. Darin wurde auf das Urteil des Bundesverfassungsgerichts vom 21. Dezember 1972 verwiesen. Seinerzeit war in Karlsruhe eine Klage über die Rechtmäßigkeit des Grundlagenvertrages zwischen der BRD und der DDR anhängig, Antragsteller war der bayerische Ministerpräsident Franz Josef Strauß.

Die Richter erklärten damals, das Grundgesetz gehe davon aus, »dass das Deutsche Reich den Zusammenbruch 1945 überdauert hat und weder mit der Kapitulation noch durch Ausübung fremder Staatsgewalt in Deutschland durch die alliierten Okkupationsmächte noch später untergegangen ist. Mit der Errichtung der

Bundesrepublik Deutschland wurde nicht ein neuer westdeutscher Staat gegründet, sondern ein Teil Deutschlands neu organisiert [...].

Die Bundesrepublik Deutschland ist also nicht ›Rechtsnachfolger‹ des Deutschen Reiches, sondern als Staat identisch mit dem Staat ›Deutsches Reich‹, in Bezug auf seine räumliche Ausdehnung allerdings teilidentisch, so dass insoweit die Identität keine Ausschließlichkeit beansprucht.«

In verständlichem Deutsch: Kriege, Potsdamer Abkommen, militärische Besetzung und deutsche Zweistaatlichkeit hatten dem Deutschen Reich seit seiner Proklamation im Spiegelsaal zu Versailles nichts anhaben können. Es bestand fort. Der Taufschein für das deutsche Kaiserreich am 18. Januar 1871 war somit die Geburtsurkunde der Bundesrepublik Deutschland. Wir hätten also 2021 den 150. Jahrestag feiern müssen. Außer vier Goldmünzen, einer Diskussionsrunde im Haus des Bundespräsidenten und einigen Geschichtsbetrachtungen passierte jedoch nichts. *Die Welt* aus dem Hause Springer stellte in diesem Zusammenhang als einzige die rhetorische Frage: »Was vom Kaiserreich heute noch in Deutschland steckt«.

Natürlich lieferte das konservative Blatt auch die Antwort und bestätigte: Ja, es »finden sich Entwicklungen und Strukturen, die bis in die heutige Bundesrepublik fortwirken«.

Die »neoliberale Moderne« habe sich damals »gegen den traditionellen Ständestaat« durchgesetzt. »Abgesehen vom progressiven Wahlrecht bedeutete das den

Durchbruch der Marktwirtschaft und der bürgerlichen Denkfigur des Aufstiegs durch beschreibbare Leistung, die mehr zählt als ererbte Privilegien. Davon profitierte nicht nur das protestantische Bildungsbürgertum, das im Staatsapparat und in der Wissenschaft die meisten Schlüsselpositionen besetzt hielt (und zu dem heute als Pastorentochter Angela Merkel zählt).« Das war nun wahrlich eine intellektuelle Volte, auf die musste man erst einmal kommen! Und weiter: »Die bürgerliche Welt verhalf auch dem Typus des technischen Experten zu einer nie dagewesenen Geltung. Ingenieure, Erfinder und Entrepreneure wie Carl Benz, Gottlieb Daimler oder Werner von Siemens belegen das. Speziell das Wirken dieser Männer strahlt auf das Selbstbild der Bundesrepublik ab. Ein Land von Konstrukteuren zu sein, das beste technische Lösungen im Maschinenbau anzubieten hat, gehört zum Kern der deutschen Identität.« (Darauf werde ich an anderer Stelle noch zurückkommen.)

Nach einem Exkurs durch die anderthalb Jahrhunderte endete der Beitrag mit der Ansage, dass die politischen Erben der Gründergeneration einen »Hang zur Rechthaberei« hätten, »eine Neigung, die eigene Position erst moralisch aufzuladen und dann durchzudrücken«.

Dieser Feststellung mag ich so wenig widersprechen wie dem daraus gezogem Schluss: »Dieses Personal wird nie einen Fehler zugeben, sondern erwartet eine totale Unterwerfung unter den eigenen Standpunkt. Das aber ist das Ende aller Liberalität. Und deshalb steckt vermutlich weit mehr Kaiserreich in der Bundesrepublik, als den Deutschen gefallen kann.«

Ja, der 18. Januar wäre schon ein ehrliches Bekenntnis (ich hoffe, man verspürt meinen ironischen Unterton). Vor allem aber hätten wir endlich ein konkretes Datum zum Feiern – was wir heute eben nicht haben. War's der 8. Mai 1949, als der Parlamentarische Rat das Grundgesetz vorlegte? Der 12. Mai, als die westlichen Besatzungsmächte es genehmigten, oder der 23. Mai, als das GG in Kraft trat? War es die Wahl des ersten Bundestages am 14. August oder dessen Konstituierung am 7. September 1949? Die Wahl von Theodor Heuss zum ersten Bundespräsidenten am 12. September oder die von Konrad Adenauer zum Kanzler drei Tage später? Oder gar dessen Amtsantritt am 20. September?

Der 3. Oktober 1990 taugt dafür nicht, denn schließlich war's nur ein Beitritt einiger Länder und Provinzen zu dem seit 1871 bestehenden Deutschen Reich, das sich 1949 lediglich als »ein Teil Deutschlands neu organisiert« hatte. Der andere Teil befreite sich vierzig Jahre später lediglich aus der Irredenta, aus seiner kommunistischen Geiselhaft.

Nicht grundlos wurde am Ort des abgerissenen Palastes der Republik das kaiserliche Hohenzollernschloss neu errichtet. Es wäre darum nur konsequent, die Wende in die Vergangenheit zu vollenden, indem im nationalen Selbstverständnis die Konstituierung des heutigen Staates auf eben jenes Datum aus dem Jahr 1871 festgelegt werden würde.

In jenem ausführlich zitierten Beitrag in der *Welt* vom 23. Januar 2021 wurde auch die amtierende Bundeskanzlerin erwähnt, die »Pastorentochter«. Angela

Merkel hatte zu jenem Zeitpunkt bereits den Parteivorsitz aufgegeben und signalisiert, dass sie nach sechzehn Jahren Kanzlerschaft für eine neue Amtszeit nicht mehr zur Verfügung stünde. Kritik an Merkel hatte es immer gegeben, was wohl in der Natur des Amtes lag und politisch aus unterschiedlichen Motiven berechtigt war. Auch in den eigenen Reihen wurde geseiert. Merkel brachte schließlich alles mit, was die konservativen Männer vom Rhein, dünkelbeladen und voller Hochmut, die Nase rümpfen ließ: Frau, protestantisch, Naturwissenschaftlerin, bescheiden (die kaufte tatsächlich im Supermarkt um die Ecke selbst ein und ließ sich dort sogar das Portemonnaie klauen) – und ostdeutsch.

Wie tief die Abneigung im Kanzlerwahlverein gegen diese Person (»Mutti«) schon immer war – die doch die Union mit ihren Schwarzen Kassen, angeblichen jüdischen Vermächtnissen und verschwiegenen Parteispenden einst aus dem Lügensumpf gerettet hatte (weshalb sie überhaupt an die Spitze der Partei geschoben worden war), demonstrierte eine Szene auf einem Parteitag. CSU-Chef Horst Seehofer demütigte die CDU-Vorsitzende und Regierungschefin im November 2015 auf offener Bühne vor bayerischem Parteivolk und TV-Kameras. Der Bajuware, ganz Oberlehrer hinterm Pult, putzte die neben ihm stehende Frau aus dem Osten herunter. Er überragte sie um zwei Kopflängen, die Herablassung war auch körperlich sichtbar. Das getadelte »Mädchen« (Kohl) hielt die Arme vor der Brust verschränkt, schwieg, der Blick ging ins Leere. Der linke Mundwinkel zog leicht nach oben, ganz wenig nur, was als Anflug einer Unmutsbekundung gedeutet werden konnte.

Diese Bilder der angeblich mächtigsten Frau der Welt haben der Kanzlerin »draußen« wenig geschadet. Und auch wenn schon bald der rechte Mob auf der Straße skandierte: »Merkel muss weg!«, focht sie das nicht an. Zumindest ließ sie es sich nie anmerken. Da war ihre Haut so fest wie das Sitzfleisch ihres Vorgängers.

Die Parole »Merkel muss weg!« begleitete sie, bis Merkel wirklich weg war. Kreiert hatte sie übrigens ein Bayer: Franz Wiese. Der barocke Unternehmer von drüben handelte mit Textilmaschinen und mit rechtem Ideengut – er gründete den ersten Kreisverband der AfD in Brandenburg und führte ihn auch an. Seit 2014 polterte Wiese im Brandenburger Landtag. Dort produzierte er nicht nur wegen seiner markigen Sprüche Schlagzeilen, sondern auch durch den Umstand, dass ein Teil seiner Abgeordnetendiäten regelmäßig vom Finanzamt gepfändet wurde, weil er dem Fiskus Steuern vorenthalten hatte. Merkel-muss-weg-Wiese starb am 30. Dezember 2021, also wenige Wochen, nachdem Merkel tatsächlich weg war. Das nennt man wohl Ironie der Geschichte.

Obgleich ich weder ein Freund von Merkel noch ihrer Politik war, zollte ich ihr Respekt und warnte schon früh Verwandte und Bekannte, für die sie aus unterschiedlichen Gründen ein rotes Tuch war. Es werde noch der Tag kommen, an dem wir sie alle vermissen würden, sagte ich. Leider behielt ich recht, ich hätte mich gern geirrt. Ihr pragmatisches Verhandlungsgeschick, ihre Fähigkeit, Entscheidungen von deren Ende zu betrachten – also wie ein Schachspieler die Folgen eines Zuges im Voraus zu kalkulieren und ihn darum zu unterlassen, wenn er verhängnisvolle Konsequenzen heraufbeschwören würde –, geht ihren Nachfolgern gänzlich ab. Und nicht zuletzt waren ihre Kenntnisse der russischen Sprache wie der russischen Seele hilfreich. Für unser Land, für Russland, für Europa und damit für die Welt.

Die ostdeutsche Merkel teilte nicht die Ressentiments und Vorurteile der Westdeutschen gegenüber den Russen und war nicht nur willens, sondern auch fähig, die Welt aus der Perspektive des Kreml nüchtern zu betrachten.

So war denn der Überfall Russlands auf die Ukraine am 24. Februar 2022 hierzulande auch der Startschuss, die Altkanzlerin endgültig vom Sockel zu stoßen, auf den sie andere einst gestellt hatten, und das Denkmal Merkel zu schleifen. Zunächst hielt man ihr vor, dass sie auf dem NATO-Gipfel in Bukarest 2008 die Aufnahme der Ukraine abgelehnt habe. Dann ihre Befürwortung und Unterstützung für Nord Stream 1 und 2. Insgesamt kreidete man ihr eine vermeintliche Schlüsselrolle bei der angeblichen »Beschwichtigungspolitik« des Westens gegenüber Moskau an.

Und auch innenpolitisch wurde mit ihr abgerechnet. Die *taz* monierte am 9. April 2022 – nachdem die Zeitung den Vorwurf von »Fehlkalkulationen« in der Russlandpolitik Merkels durch den unsäglichen ukrainischen

Botschafter zitiert hatte –, »der Merkel'sche Nacht-
wächterstaat« habe es zugelassen, »dass der Ausbau der
erneuerbaren Energien stockte, weil Sonnenenergie zu
teuer und Windkraft zu streitbehaftet war. So versan-
dete die Digitalisierung, weil die Anbieter kühl kalku-
lierten, dass sich zusätzliche Funkmasten in der Ucker-
mark oder der Eifel nicht rentieren.«

Als trüge allein Merkel Schuld am Wesen der kapitalistischen Marktwirtschaft.

Im Juni '22 hielt man ihr vor, dass sie sich im Februar
2020, während einer Dienstreise in Südafrika, zu einer
Entscheidung des Thüringer Landtages geäußert habe.
Dort war mit den Stimmen von CDU und AfD ein
FDP-Abgeordneter zum Ministerpräsidenten gewählt
worden. Ihre Partei, die CDU, hatte gemeinsame Sache
gemacht mit einer von einem gerichtsnotorischen Faschisten geführten Fraktion. Das hielt Merkel für un-
verzeihlich und forderte vom anderen Ende der Welt,
dass dieses Ergebnis rückgängig gemacht werden müsse.
Die AfD fühlte sich disriminiert, klagte beim Bundesver-
fassungsgericht und – bekam recht. Die Äußerung habe
die AfD in ihrem Recht auf Chancengleichheit verletzt.
»Dieser Eingriff ist nicht gerechtfertigt«, tadelten die
Karlsruher Richter und gossen damit weiter Wasser auf
die Mühlen aller Kritiker der nunmehrigen Altkanzlerin.

Zur selben Zeit, als Karlsruhe sie kritisierte, präsentierte sich Angela Merkel im Berliner Ensemble. Auf der
Bühne beantwortete sie – erstmals seit ihrem Rückzug
ins Private – die Fragen eines Journalisten. Das Gespräch wurde im Fernsehen übertragen und kann noch

immer auf *Youtube* gesehen werden. (In den nachfolgenden fünf Monaten taten dies eine Million Menschen.) Merkel wirkte im BE entspannt, aufgeräumt, hin und wieder kam ihr unterschwelliger Witz durch – es waren unterhaltsame anderthalb Stunden.

Die nachfolgenden Kommentare hingegen waren es nicht. Sie wirkten wie ein wütender Nachhall auf ihre Rede, die sie Monate zuvor auf dem Festakt zum Jahrestag der Wiedervereinigung in Halle gehalten hatte. Es war ihre letzte Rede im Amte.

Erstmals hatte sich die Kanzlerin an jenem 3. Oktober 2021 explizit zu ihrer ostdeutschen Vergangenheit erklärt und ihre daran geknüpften Vorhaltungen an ihre westdeutschen Landsleute diplomatisch-höflich in eine Frage gekleidet: »Müssen nicht Menschen meiner Generation und Herkunft aus der DDR die Zugehörigkeit zu unserem wiedervereinigten Land auch nach drei Jahrzehnten Deutscher Einheit gleichsam immer wieder neu beweisen, so als sei die Vorgeschichte, also das Leben in der DDR, irgendwie eine Art Zumutung?«

Und dann trug sie eine Begebenheit vor, die das deutlich illustrierte.

»In einem im letzten Jahr von der Konrad-Adenauer-Stiftung herausgegebenen Buch mit vielen Beiträgen und Positionen zur Geschichte der CDU heißt es in einem der dort veröffentlichten Aufsätze über mich: ›Sie, die als Fünfunddreißigjährige mit dem Ballast ihrer DDR-Biographie in den Wendetagen zur CDU kam, konnte natürlich kein von der Pike auf sozialisiertes CDU-Gewächs altbundesrepublikanischer Prägung sein.‹

Die DDR-Biografie, also eine persönliche Lebensgeschichte von in meinem Fall 35 Jahren [...] ›Ballast‹? Dem Duden nach also eine ›schwere Last, die‹ – in der Regel – ›als Fracht von geringem Wert zum Gewichtsausgleich mitgeführt wird‹ oder als ›unnütze Last, überflüssige Bürde‹ abgeworfen werden kann? – Das war der Duden.

Ich erzähle das hier nicht, um mich zu beklagen. Denn ich bin nun wirklich die Letzte, die Grund hätte, sich zu beklagen – so viel Glück, wie mir persönlich in meinem Leben beschieden ist.

Ich erzähle es auch nicht als Bundeskanzlerin. Ich möchte es vielmehr als Bürgerin aus dem Osten erzählen, als eine von gut 16 Millionen Menschen, die in der DDR ein Leben gelebt haben, die mit dieser Lebensgeschichte in die Deutsche Einheit gegangen waren und solche Bewertungen immer wieder erleben – und zwar als zähle dieses Leben vor der Deutschen Einheit nicht wirklich. Ballast eben, bestenfalls zum Gewichtsausgleich tauglich, im Grunde aber als unnütze Last abzuwerfen. Ganz gleich, welche guten und schlechten Erfahrungen man mitbrachte: Ballast.«

Das von Merkel beschriebene Problem war insofern sensationell, als sie es erst am Ende ihrer Kanzlerschaft anzusprechen wagte! Für ihre ostdeutschen Landsleute war das mehrheitlich Alltagserfahrung. Es hätte ihnen vielleicht geholfen, wenn es die Kanzlerin nicht erst in ihrer letzten Festtagsrede angesprochen, sondern von Anfang an zur Regierungspolitik gemacht hätte. So aber offenbarte sie damit einmal mehr die westdeutsche Vormundschaft, der selbst sie sich sechzehn Jahre unterworfen hatte. Unterwerfen musste?

Zutreffend auch ihre Feststellung, dass »für die allermeisten Menschen in Westdeutschland« das Leben nach 1990 so weitergegangen war wie gewohnt, während sich für die Ostdeutschen alles veränderte. Nicht wenige seien in eine Sackgasse geraten. »So manche berufliche Fähigkeit, die früher gefragt war, zählte plötzlich wenig oder gar nicht mehr.«

Das nannte Merkel »deprimierende Erfahrungen«, die nicht ignoriert oder vergessen werden dürften.

Und wieder wartete sie mit einer Geschichte auf, die ihre persönliche Verletzung offenbarte. Sie zitierte aus einem Beitrag in der *Welt am Sonntag* aus dem Jahr 2015, als sie – gegen alle inneren und äußeren Widerstände – Kriegsflüchtlinge aus Syrien in großer Zahl willkommen geheißen und sich dazu auf einer Pressekonferenz erklärt hatte.

Das Blatt schrieb damals, 2015: »Und sie tat etwas, was keiner ihrer Amtsvorgänger je getan hatte: Sie distanzierte sich einen Atemzug lang von der Republik, deren zweite Dienerin sie doch war. Sie sagte: Wenn man sich dafür entschuldigen müsse, in der Flüchtlingskrise ein freundliches Gesicht gezeigt zu haben, ›dann ist das nicht mein Land‹. Da blitzte einen Moment lang durch, dass sie keine geborene, sondern eine angelernte Bundesdeutsche und Europäerin ist.«

Das kommentierte Angela Merkel nunmehr von der Bühne in Halle vor den zumeist westdeutschen Honoratioren mit Sarkasmus: »Keine geborene, sondern angelernte Bundesdeutsche? Keine geborene, sondern angelernte Europäerin? Gibt es zwei Sorten von Bundesdeutschen und Europäern – das Original und die Angelernten, die ihre Zugehörigkeit jeden Tag aufs Neue beweisen müssen und mit einem Satz wie dem in der Pressekonferenz durch die Prüfung fallen können? […] Wer entscheidet, wer die Werte und Interessen unseres Landes versteht und wer das nicht tut beziehungsweise eben nur, um das Wort noch einmal aufzugreifen, in ›angelernter‹ Weise? Welches Bild von Wiedervereinigung wird darin sichtbar? Hier die einen, die seit jeher Bundesdeutsche sind, dort die anderen, die Hinzugekommen, die sich durch Übung etwas aneignen müssen – von geborenen und angelernten Europäern gar nicht zu reden?«

Diese Worte am 3. Oktober 2021 nahm das westdeutsche Establishment ihr übel. Damals zeigte man es noch nicht so deutlich wie nun nach ihrem Auftritt im Berliner Ensemble im Frühsommer 2022, als der Krieg in der Ukraine bereits ein reichliches Vierteljahr tobte. Der Grundtenor der Medien: Sie habe nicht von eigenen Fehlern oder Versäumnissen im Umgang mit Russland, Putin oder der Ukraine gesprochen. »Im Gegenteil: Merkel ist selbstbewusst im Verteidigungsmodus und pocht darauf, dass alles im Kontext des Zeitgeschehens betrachtet werden müsse und vergangene Entscheidungen Schlimmeres verhindert hätten«, kam es aus dem *ARD*-Hauptstadtstudio.

Der aktuelle CDU-Vorsitzende und langjährige Merkel-Kritiker Merz sprach nunmehr von einem »Scherbenhaufen«, den die einstige Kanzlerin in der Außen- und in der Sicherheitspolitik hinterlassen habe.

Trug Merkel allein seit 2005 Regierungsverantwortung? In welcher Deckung hatte in diesen sechzehn Jahren seine/ihre Partei bar jeglicher Zuständigkeit und Verantwortung gehockt?

Merkels Demontage ging systematisch weiter, wobei man vor keiner Peinlichkeit zurückschreckte. So steckte – vermutlich das FDP-geführte Finanzministerium – der Presse durch, dass es Gespräche zwischen Kanzleramt und Merkels Büroleitung gegeben und diese zu »Ausgabendisziplin« ermahnt habe. Der Bundeskanzlerin a. D. stehen laut Haushaltsplan neun Mitarbeiter zu – diese und keine Stelle mehr waren besetzt. Und auch die Renovierung der Räume hatte sich in den zulässigen Grenzen gehalten: »Es habe einen Türdurchbruch zwischen zwei Räumen gegeben, die Wände seien gestrichen worden. Zudem seien Fensterlamellen und Jalousien gereinigt und repariert worden«, erklärte Merkels Büroleiterin Anfang November 2022.

Wie kleinkariert war das alles. Doch es folgt gewiss die Hinrichtung gemäß der klassischen Folterpraxis: Knieschuss, Bauchschuss, Kopfschuss. Wann und wo das Finale erfolgen wird, ist noch offen. Dass das Ende allerdings kommen wird, scheint ausgemacht.

In der (westdeutsch geprägten) Politik gilt auch das Prinzip: Wechseln die Köpfe, ändert sich das Mobiliar. Als Joschka Fischer von der einstigen Turnschuh- und Toskana-Fraktion sein Büro im Gebäude des ehemaligen SED-Zentralkomitees bezog, bekam es im Auftrag des neuen Besitzers einen Terrakotta-Fußboden (übrigens nicht aus der Toskana, sondern aus der Provence) verpasst. Sein späterer Nachfolger im Amt des Außenministers, Frank-Walter Steinmeier, verzichtete zwar auf die Entfernung des kostspieligen Fußbodens, beund verdeckte diesen aber mit einem teuren Teppich. Er warf nur die Möbel raus.

Und so geschieht das bei jedem Regierungswechsel: teure Ausstattung raus, neues Designer-Interieur rein. Bezahlt vom Steuerzahler.

Nur die bescheidene Merkel übernahm Schröders Kanzleramtsmobiliar wie es war. Einmal sagte sie in eine Kamera, dass sie der riesige Schreibtisch ihres Vorgängers befremde, weshalb sie lieber am Konferenztisch arbeite. Geblieben ist das protzige Möbelstück trotzdem. Es erfüllte seinen Zweck, für den es angeschafft worden war. Das war Merkels Pragmatismus, auch wenn er schmerzte.

Wesentlich schwereres Geschütz als das Finanzressort fuhr hingegen Wolfgang Schäuble auf, Merkels langjähriger Wegbegleiter, der sie unverändert siezt. Wollte er den finalen Schuss setzen? Zumindest läutete er das Sterbeglöckchen. In einem Interview Mitte November 2022 erklärte er, dass er Nord Stream 1 und 2 »immer für falsch gehalten« habe, und er warf Merkel obendrein mangelnde Selbstkritik wegen ihrer – von ihm immer abgelehnten – Russlandpolitik vor. Schäuble nahm explizit Bezug auf eine Erklärung der Altkanzlerin wenige Tage zuvor, in der sie sich zu ihrer Russlandpolitik bekannt hatte. »Aus der damaligen Perspektive war es sehr rational und nachvollziehbar, leitungsgebundenes Gas auch aus

Russland zu beziehen, das billiger war als das LNG aus anderen Gegenden der Welt – USA, Saudi-Arabien, Katar«, hatte sie in einem Vortrag in Lissabon gesagt.

Und den Nachruf eröffnete Schäuble in dem *Handelsblatt*-Interview mit seiner Antwort auf die Frage, ob er Angela Merkel zu den großen deutschen Kanzlern rechne. Der nunmehr einfache Bundestagsabgeordnete Wolfgang Schäuble – Reihe 6 im Plenum – nannte Adenauer, Brandt und Kohl. Diese Aufzählung sei »vorläufig abgeschlossen«, endete er. »Ob Frau Merkel unter den großen Kanzlern einzuordnen sein wird, das ist vielleicht zeitlich noch zu früh, um das abschließend zu beurteilen.«

Acht Jahre zuvor – da war Schäuble noch Finanzminister im Merkel-Kabinett – hatte es anders geklungen. In der *Süddeutschen Zeitung* (»Merkel erfolgreicher als Napoleon«, 8. Dezember 2014) hatte er – Monate nach dem Anschluss der Krim an Russland – Merkels Regierungsstil und Führungsqualitäten gewürdigt. »Angela Merkel hat es viel besser als viele andere Regierungschefs in Europa geschafft, die Interessen einer sehr heterogenen Gesellschaft zu bündeln«, lobte damals Schäuble mit einem für Schwaben ungewöhnlichen Überschwang. Ihr »sehr persönlicher, nicht konfrontativer Stil der langen Linien« sei sehr erfolgreich, auch weit über die Bundesrepublik hinaus.

Vier Jahre später konnte man vernehmen, wie er bereits die Messer wetzte, als es darum ging, die Nachfolge an der vakanten Parteispitze zu bestimmen. Wolfgang Schäuble empfahl dem Parteivolk in der *FAZ* den 2002 durch die CDU-Vorsitzende Merkel vom Fraktionsvorsitz verdrängten Friedrich Merz, einen Lobbyisten und Wirtschaftsanwalt ohne parlamentarisches und Partei-Mandat.

Er zeigte damit »größtmöglichste Distanz zur Kanzlerin« und dass er »für das Ende der Ära Merkel plädiert« (*Stern* vom 5. Dezember 2018). Trotzdem: Auch Wolfgang Schäuble billige ich das Recht auf Korrektur seiner Meinung zu, wie es Bismarck für sich eingefordert hatte und wie es viele Politiker nach ihm praktizierten. Konrad Adenauer: »Was kümmert mich mein Geschwätz von gestern, nichts hindert mich, weiser zu werden.«

Schäuble ist mir wenige Monate voraus. Er wurde bereits im September 2022 achtzig. Er war Kanzleramtschef, Fraktionschef, Parteichef, Minister sowie Bundestagspräsident und wäre wohl auch gern Kanzler oder Bundespräsident geworden. Ich war weder das eine noch das andere und wäre es auch gewiss nicht gern geworden. »Isch over« hieß es für mich bereits Anfang 1990.

Die seither gemachten Erfahrungen mit der Politik hierzulande haben bestätigt, dass es eine richtige Entscheidung war. Der Umgang mit Angela Merkel, meiner ostdeutschen Landsfrau, durch das stockkonservative Polit-Establishment von Rhein und Ruhr, Isar und Starnberger See hat den letzten Zweifel, sofern er überhaupt jemals aufgekommen war, endgültig bei mir beseitigt.

Übrigens, der von Schäuble als »großer Kanzler« gerühmte Dr. Helmut Kohl bat mich am 11. Juli 2002 zu sich in sein Abgeordnetenbüro. Er saß im Zimmer 226 im vierten Geschoss Unter den Linden 71 – einst das Arbeitszimmer von DDR-Volksbildungsministerin Margot Honecker, die ich wiederholt dort aufgesucht hatte. Kohl, der sich dieses Umstandes bewusst war, erklärte das Gespräch eingangs als vertraulich, er wünsche nicht, dass publik werde, was er von mir wissen wolle. (Was ich allerdings nicht als Verbot verstand, mir Tagebuchnotizen zu machen. Zugegeben, das fiel mir angesichts von drei geleerten Flaschen Riesling nicht ganz leicht, wenngleich nach meiner Erinnerung zwei auf Kohl gingen.)

Kohl erzählte launig, wie ihm Gorbatschow bei seinem Bonn-Besuch im Juni 1989 signalisiert habe, dass es in Moskau und Leningrad, in Kiew und Swerdlowsk und in anderen Orten große Versorgungsprobleme gebe. Ob man nicht darüber nachdenken könne, wie Hilfe möglich sei? Landwirtschaftsminister Ignaz Kiechle war froh, Lebensmittel für 200 Millionen DM aus der Staatsreserve auf diese Weise elegant loszuwerden. Diese Geste habe damals das Verhältnis von Gorbatschow zu ihm nachhaltig verändert, sagte Kohl und freute sich noch immer sichtlich, wie er mit einem bis dato unerkannten Bilanztrick diese Mittel dem Bundestag habe abtrotzen können. Wenig später sei Gorbatschows Vizepremier mit einer weiteren Wunschliste aufgekreuzt, darauf standen Konsumgüter im Volumen von etwa einer Milliarde Mark. Über diesen Auftrag hätten sich vor allem die großen Versandhäuser gefreut, denn so wurden sie ihre Ladenhüter los. Die Russen zahlten.

Und die DDR? Spielte sie im Gespräch zwischen Kohl und mir keine Rolle? Und ob! Kohl räumte ein, bei der Vereinigung Fehler gemacht zu haben, wurde auch konkret. Aber bei sechzehn Stunden Arbeitszeit und der Belastung sei das doch menschlich verständlich gewesen, nicht wahr? Wir sollten jetzt gemeinsam darüber nachdenken, wie wir diese Fehler in den nächsten Jahren korrigieren könnten …

Sein ein wenig aberwitziger Vorschlag war gewiss dem reichlichen Genuss des Traubensaftes zuzuschreiben.

Ja, die deutsche Einheit. – Es fielen Namen von Personen und Organisationen. Allein schon an Mimik oder Gestik konnte ich ablesen, was der Altkanzler über sie dachte, oder wie er zu ihnen stand. Stoiber, Späth, Biedenkopf – erkennbare Distanz. Arbeitgeberpräsident Dieter Hundt … Die Spitzen der deutschen Industrie und Wirtschaft hätten ihn zutiefst enttäuscht, er halte nicht viel von ihnen. Wenn es nach denen gegangen wäre, so Kohl, dann wäre der Osten wirtschaftlich plattgemacht worden. Deshalb habe er – gegen den Widerstand der deutschen Großindustrie, aber mit Hilfe seines Freundes Francois Mitterrand – beispielsweise dafür gesorgt, dass die Raffinerie in Leuna an Elf Aquitaine gegangen sei.

Nun kannte ich allerdings auch eine andere Lesart als die mir vom Altkanzler angebotene. Die Treuhandanstalt hatte die Raffinerie der Leunawerke und den damit verbundenen VEB Minol wie weitere rund achttausend DDR-Unternehmen zur Privatisierung ausgeschrieben. Im Interesse der deutsch-französischen Zusammenarbeit nahmen die beiden Staats- und Regierungschef dahingehend Einfluss, dass sie wiederholt ihren Wunsch äußerten, der französische Mineralölkonzern Elf Aquitaine möge die Leunawerke erwerben. Der Konzern zeigte sich wegen des Sanierungsaufwandes und angesichts der in Deutschland vorhandenen Raffinerie-Kapazitäten zunächst wenig interessiert. Mit der Zusage von beachtlichen Subventionen – man sprach am Ende von zwei Milliarden Mark, die die deutsche Staatskasse lockergemacht habe – tätigte schließlich das französische Mineralölunternehmen das von der Politik gewünschte Geschäft.

Allerdings fiel Jahre später ein gewisser Schatten auf den Deal, als in einer Korruptions-Affäre gegen Elf Aquitaine in Frankreich und in der Schweiz ermittelt und Manager verurteilt worden waren, der Konzernchef beispielsweise bekam fünf Jahre. Die Ermittler interessierten sich auch für den Lobbyisten Dieter Holzer und den beamteten Staatssekretär im Bundesverteidigungsministerium Ludwig-Holger Pfahls (CSU), in den achtziger Jahren auch mal Präsident des Bundesamtes für Verfassungsschutz. Angeblich seien über eine Liechtensteiner Briefkastenfirma Bestechungs-, Schweige- und Schmiergelder in Höhe von fast neunzig Millionen DM aus Schwarzgeldkassen von Elf Aquitaine und der Thyssen AG geflossen und über ein Firmengeflecht in diversen Steueroasen gewaschen und an unbekannte Empfänger – mutmaßlich aus der deutschen Politik – weitergeleitet worden.

Im Mai 2002, wenige Wochen vor meinem Treffen mit Kohl, hatte in Berlin ein Untersuchungsausschuss die Arbeit aufgenommen. Der *Stern* schrieb in seiner Ausgabe vom 24. Mai 2002 dazu: »Der Leuna-Deal, so viel scheint heute festzustehen, konnte nur mit Hilfe von Bestechungsgeldern eingefädelt werden.«

In den Verfahren in Frankreich waren belastende Aussagen gemacht worden. »Die Deutschen sprachen bei den Verhandlungen mit Elf ihre Begehrlichkeiten offen an. ›Soweit ich verstanden habe‹, sagte der einstige Elf-Manager André Tarallo in einer Vernehmung aus, ›kamen die Ansprüche von der CDU‹. Ähnlich äußerte sich auch sein Kollege Jean-Claude Vauchez. ›Wir haben‹, sagte der Ex-Manager, ›zum Zeitpunkt des Leuna-Geschäfts Spot-Zahlungen zugunsten deutscher Persönlichkeiten geschaffen.‹ Die Manager von Elf haben sich auch selbst bedient«, schrieb der *Stern*. Und sah »ein Geflecht von Beziehungen und alten Seilschaften, das bis in die Spitze der deutschen Politik reichte«.

Holzer sollte 2003 in Paris in Abwesenheit zu fünfzehn Monaten Haft und anderthalb Millionen Euro Geldstrafe verurteilt und der seit 1999 flüchtige Pfahls – 2000 aus der CSU ausgeschlossen – 2005 in Paris festgenommen und an Deutschland ausgeliefert werden. Im Verfahren vorm Landgericht Augsburg, in dem es vornehmlich um Schmiergelder bei Waffengeschäften ging, entlastete ihn die Aussage des Altkanzlers vom Vorwurf der Bestechlichkeit. 2011 gab es ein weiteres Verfahren gegen Pfahls in Augsburg, diesmal wegen Bankrotts, Betrugs und Erpressung. Er wurde zu einer mehrjährigen Haftstrafe verurteilt.

Wohin genau aber das Geld »bis in die Spitze der deutschen Politik geflossen war«, weiß man bis heute nicht.

Auch mir hat es Helmut Kohl nicht verraten. Nicht mal unter dem verabredeten Siegel der Verschwiegenheit.

Tuschkasten

Die Wahlprogramme der Bundestagsparteien sind unterschiedlich lang, unterschiedlich strukturiert und setzen unterschiedliche Schwerpunkte. Eins aber haben sie gemeinsam: Spätestens am Tag nach der Wahl sind sie Makulatur. Der »Sachzwang« bestimmt die politische Arbeit.

Hinter meinem Gartenzaun, zwei Straßen weiter, beginnt schon Brandenburg. Jenseits der Berliner Stadtgrenze liegt Märkisch-Oderland, jener Landkreis, in welchem, wie schon erwähnt, von einem Westdeutschen der erste Kreisverband der AfD in Brandenburg gegründet worden war. Dorthin wie auch in das übrige Umland der Hauptstadt zogen ebenfalls viele Grüne, die sich seinerzeit im politischen Biotop Westberlin niedergelassen hatten, um der Wehrpflicht oder der piefigen Enge der westdeutschen Provinz zu entkommen. Seit 2019 sitzen Vertreter der inzwischen saturierten Ökopartei, zumindest was deren Führungspersonal angeht, erstmals in einer Landesregierung in Potsdam. Die Geburtsorte ihrer Minister und Staatssekretäre lauten Wiesbaden, Bochum, Hannover und Bremen. Als Feigenblatt diente die Staatssekretärin Anna Heyer-Stuffer. Nach Interpretation der Grünen ist sie nämlich Ossi – sie wurde im slowakischen Spišská Stará Ves geboren. 1995, mit achtzehn, war sie nach Deutschland gekommen, um in Potsdam Jura zu studieren. Die Verwaltungsjuristin mit Migrationshintergrund wurde 2019 Staatssekretärin im Ministerium für Soziales, Gesundheit, Integration und Verbraucherschutz des Landes Brandenburg. Und damit die einzige grüne Nichtwestdeutsche mit einem Regierungsamt in Brandenburg.

Als Heyer-Stuffer Ende 2022 ins Bundesfamilienministerium nach Berlin wechselte, ihr Potsdamer Posten also vakant wurde, rückte die in Ludwigsfelde geborene Antje Töpfer nach. Sie hatte noch zu DDR-Zeiten an der Pädagogischen Hochschule in Potsdam studiert und nach dem Ende der DDR ein weiteres Studium an der Westberliner TU absolviert, dort auch promoviert und so weiter. Die Details interessieren hier nicht. Es ist in diesem Kontext auch ohne Belang, ob Töpfers ministerielle Weihen planmäßig oder zufällig erfolgten, ob es keine andere personelle Alternative gab, oder ob sie wirklich die beste Wahl war. Die Brandenburger Grünen sind pars pro toto und darum typisch für die Parteien und deren Personalpolitik in dieser Republik. Egal ob schwarz, gelb, rot oder eben grün: Überall dominieren westdeutsche Köpfe und deren Denkungsart.

Selbst die übriggebliebenen Roten, denen ich einst den Rücken kehrte, waren aus dem Westen überrollt und übernommen worden. Mit einiger Verzögerung zwar, aber doch. Spätestens 2007 war es geschehen, als sich die PDS zusammenschloss mit ausgestiegenen oder abgehängten SPD- und Gewerkschaftsfunktionären, mit Versprengten aus K-Gruppen, wichtigtuenden Weltverbesserern und individualistischen Intellektuellen. Die

Fusion der WASG, der westdeutschen Wahlalternative für Arbeit und Soziale Gerechtigkeit, mit der bisherigen ostdeutschen Kümmererpartei PDS bescherte der dadurch entstandenen Partei DIE LINKE kurzzeitig quantitativen Zuspruch. Die Ostdeutschen, die mehrheitlich noch über eine gewisse politische und historische Bildung verfügten, die noch praktische Erfahrungen, einen Beruf, Augenmaß und Bodenhaftung besaßen, die sogenannten Realos, wurden allerdings sukzessive aus den Führungsgremien verdrängt. Westdeutsche kaperten sich die gut dotierten Mandate. Aus der Partei mit einem vernünftigen Nutzwert, die als sozialistische Opposition in einer kapitalistischen Gesellschaft durchaus nötig ist, und sei es lediglich als Stachel im feisten bürgerlichen Fleische, wurde zunehmend ein der Realität entrückter Debattierklub, der nur noch einen Gegenstand in der politischen Auseinandersetzung zu haben schien: nämlich sich selbst. Die Wessifizierung dieser Partei war ihr Selbstmord auf Raten. Intrigen und Meuchelmord finden in allen Parteien statt. In Kleinparteien aber enden sie tödlich.

Auch die großen Parteien schrumpften. 1990 kamen sie herüber und lehrten uns Demokratie und Wirtschaften, sie zogen ihre Seilschaften nach, die sich in den dreißig Jahren reproduzierten. Eliten produzieren Eliten. Das führte dazu, dass heute von den Ostdeutschen, die 17 Prozent der deutschen Bevölkerung stellen, lediglich 1,7 Prozent an den Schaltstellen der Macht sitzen, also Chefs oder Chefinnen von Behörden, Vorständen, Gerichten oder Universitäten sind. In der Wirtschaft sieht es etwas besser, dennoch keineswegs gut aus. Im Osten wurde ein »Deutschland-Modell« eingeführt, »das sich bereits überlebt hatte«, konstatierte besorgt bereits 1998 mein Freund Lothar Späth, das »Fundament« des westdeutschen Modells war längst »dringend reformbedürftig«. Fazit: »Man hätte dem Osten manches ersparen können und einiges nicht ersparen dürfen.« Denn: »Die heute in den östlichen Bundesländern herrschende Situation kann morgen durchaus in ganz Deutschland eintreten.« Der Osten sei »gewissermaßen der Minenhund des Westens« gewesen.

Wie nur hatte er das gemeint?

»Die Ostdeutschen haben ihre Lektion bereits hinter sich und werden mit dem künftigen Wandel vermutlich besser zurechtkommen als der Westen.« Die Ostdeutschen hätten die Mauer eingerissen – womit Späth zweifellos recht hat, was aber keineswegs die Mehrheitsmeinung seiner Landsleute darstellte, denn die glaubten, sie hätten uns Ostdeutsche »befreit«. »Nehmen wir die erste Wende als Auftakt schöpferischer Zerstörung. Die Herausforderung der zweiten Wende wird heißen: Deutschland muss sich selbst neu erfinden.«

Lothar Späth ist tot, sein Appell wie so manch andere Ruck-Rede verhallt. Eine zweite »Wende« steht aus.

Spitzfindig könnte ich mich jetzt an seiner Wortwahl abarbeiten. Minenhunde wurden im Kriege eingesetzt: um einerseits in Minenfelder die Sprengstofffallen aufzuspüren oder um andererseits wie Kamikaze gegen gepanzerte Fahrzeuge geschickt zu werden. Man befestigte Sprengsätze mit sogenannten Knickzündern auf ihren Rücken und ließ die Tiere unter die Panzer des Feindes kriechen. Es heißt, dass mindestens dreihundert deutsche Tiger-Panzer von russischen Hunden in die Luft gejagt worden seien …

Es wäre wohl weniger abwertend gewesen, hätte Lothar Späth nicht von Minenhunden, sondern von Versuchskaninchen gesprochen. Aber auch dieser Begriff ist wenig schmeichelhaft. Allerdings wenigstens ehrlich. Natürlich war der Osten eine Art Labor, ein Versuchsfeld, wie eine Gesellschaft und deren Wirtschaft radikal umgestaltet werden könnten. Nicht um den westdeutschen Wohlfahrtsstaat zur Schaffung blühender Landschaft im Osten zu etablieren, sondern um zu testen, um wie viele Löcher der Gürtel des deutschen Michels zugezogen werden kann. Wann den Leuten die Luft ausgeht und sie revoltieren. Denn wirtschaftliches Wachstum ohne Grenzen gibt es nun einmal nicht. Alles ist auf dieser Erde endlich: Rohstoffe, Konsumenten, die Luft zum Atmen und das Wasser zum Trinken und so weiter. Deshalb muss, wenn man die Zukunft erleben will, alles neu verteilt, neu organisiert und auf manches verzichtet werden. Das muss man erforschen. In Laboren … Was kann weg, was muss weg? Im Osten musste man nicht viel begründen.

Es gab bereits damals von allem zu viel, und nach der Wiedervereinigung gab es in Deutschland alles doppelt. Nicht nur Parteien. Vor allem Industriebetriebe, Distributions- und Forschungseinrichtungen, Militär, Richter, Künstler, Wissenschaftler etc. Das Handwerk vor Ort, kommunale Verwaltungen, Polizisten und Feuerwehrleute, Pastoren und Revierförster brauchte man, Lehrer und Landwirte desgleichen. Sie alle waren keine unmittelbare Konkurrenz und obendrein auch nötig, um das öffentliche Leben im Osten aufrechtzuerhalten.

Nicht aber die Betriebe, die das Gleiche herstellten wie jene im Westen. Sie waren überflüssig und unnötig. Allenfalls tauglich, die Märkte insbesondere im Osten abzutreten, die man durch das zwangsweise Hinscheiden zu übernehmen hoffte. Deshalb wurde der Osten systematisch deindustrialisiert. Die Begründung erschien logisch: Die Betriebe seien nichts wert, marode und verschlissen. Wie auch die dort Tätigen nichts wert seien. »Ob sich dort heute einer Jurist nennt oder Ökonom, Pädagoge, Psychologe, Soziologe, selbst Arzt oder Ingenieur, das ist völlig egal. Sein Wissen ist auf weiten Strecken völlig unbrauchbar«, erklärte 1991 ein Arnulf Baring. »Viele Menschen sind wegen ihrer fehlenden Fachkenntnisse nicht weiter verwendbar. Sie haben einfach nichts gelernt, was sie in eine freie Marktgesellschaft einbringen könnten.«

Das zweckdienlich verbreitete Narrativ, dass viele DDR-Betriebe überaltert und verschlissen seien, stimmte natürlich – aber es war nicht die ganze Wahrheit.

Erstens hatte die DDR in den achtziger Jahre laut Gerhard Beil – als Außenhandelsminister ein gewiefter Geschäftsmann von der Güte eines Stuttgarter Cleverles – an die siebenhundert neue Betriebe und Industrieanlagen auf dem Weltmarkt erworben, die zum Teil moderner waren als vergleichbare Unternehmen in der alten Bundesrepublik. Sie abzuwickeln war nicht nur ökonomisch unvernünftig, sondern auch gesellschaftlich töricht. Denn die Planungen der politischen Führung der DDR folgten in den fünfziger und sechziger Jahren volkswirtschaftlichen und nicht primär betriebswirtschaftlichen Intentionen. Es ging im Osten nicht nur darum, eine vom Krieg verwüstete Region mit überwiegend landwirtschaftlichen Betrieben wieder aufzubauen, sie zu rekonstruieren und zu einem Industrieland zu machen. Sondern es ging auch darum, mit der Errichtung von Industriebetrieben in abseits gelegenen und unterentwickelten Gebieten Arbeitsplätze und damit eine Perspektiven für die dort lebenden Menschen zu schaffen. Und diese neuen volkseigenen Betriebe und Güter wiederum sollten für den wirtschaftlichen Aufschwung sorgen.

Darum wurde beispielsweise das Eisenhüttenkombinat in den märkischen Sand bei Fürstenberg gesetzt, in Schwedt an der Oder das Petrolchemische Kombinat errichtet, Rostock bekam einen Überseehafen und Stralsund die Volkswerft, in Genthin an der Elbe entstand das Waschmittelwerk. (Typisch für das Nachwendeschicksal dieses Unternehmens: Dort war 1966 eine »**Spe**zial-**E**ntwicklung«, bekannt als *Spee*, entwickelt und zum Patent angemeldet worden. Im VEB Waschmittelwerk Genthin fanden 1.700 Menschen Arbeit. Im November 1990 übernahm der Waschmittelkonzern Henkel aus Düsseldorf-Holthausen, baute 1.400 Angestellte ab und schloss 2009 den Standort Genthin. Zuvor hatte der Konzern vom Land Sachsen-Anhalt eine Förderung in zweistelliger Millionenhöhe erhalten, damit er zehn Jahre bliebe. Noch bevor die Frist abgelaufen war, baute Henkel die gesamte Anlage ab und verlegte sie nach Düsseldorf. Das in Genthin als Alibi verbliebene Tochterunternehmen meldete schon bald Insolvenz an. Das war's. Spee hingegen ist heute eines der bekanntesten und erfolgreichsten deutschen Waschmittel – es wird in 36 Ländern gehandelt.)

Nachdem den politischen Führungskräften der Bundesrepublik nicht verborgen geblieben war, dass die Deindustrialisierung der neuen Länder – im Wesentlichen von der Treuhandanstalt forciert – sozialen Sprengstoff anhäufte, der sich nicht durch massenhaften finanziellen Transfer kompensieren ließ, kehrte man zu den Ursprüngen zurück. Denn etwas anderes war die Überlegung nämlich nicht, »industrielle Kerne« im sogenannten Strukturwandel zu erhalten und zu entwickeln.

Bezeichnend die Überlegungen, die bereits 1993 die Treuhandchefin Birgit Breuel, Tyll Necker als Präsident des Bundesverbandes der Deutschen Industrie (BDI), Lothar Späth als Kopf der JENOPTIK GmbH in Jena und Institutsdirektor Juergen B. Donges an der Kölner Universität in einem in Baden-Baden publizierten Wirtschaftsdienst äußerten.

Breuel war der Auffassung, »dass man sich nicht gegen diesen Wandel stemmen kann, man kann gegen den Strukturwandel nicht ansubventionieren, man kann ihn auch nicht beliebig zeitlich strecken. Die Eingriffsmöglichkeiten sind so begrenzt wie die eines Schleusenwärters, dem man das Schleusentor wegsprengt.« Man müsse – ganz analog zum Strukturwandel im Westen –

Entwicklungspotential vor Ort mobilisieren. Das würde einen Neuanfang ermöglichen. Eben durch die Erhaltung »industrieller Kerne«. Wobei die Chefin tausender Ost-Unternehmen, für die die Treuhand »aktive Eigentümer« suchte, ihre eigentlichen Intentionen verriet: »Die alte DDR war in den Augen des Westens ›überindustrialisiert‹. Aber eine Rückführung auf einen angeblichen Normalzustand kann und darf nicht der Maßstab des Handelns sein.«

Sätze wie diese und die daraus folgende Verkaufspolitik erklärten, weshalb Birgit Breuel im Osten eine der meistgehassten Personen in den neunziger Jahren war und noch immer unvergessen ist.

BDI-Präsident Tyll Necker urteilte ganz pragmatisch-nüchtern: »Die Industriedichte in den neuen Bundesländern ist heute (*1993 – W.B.*), gemessen an der Zahl der Beschäftigten, nur noch halb so groß wie in Westdeutschland. Der Industrieumsatz ist je eine Million Einwohner sogar auf 20 Prozent des Westniveaus gesunken.« Doch Necker bezweifelte, dass die »Deindustrialisierung in Ostdeutschland« mit der Erhaltung industrieller Kerne einschließlich der »Gewährung von Bestands- und Beschäftigungsgarantien« wirksam aufgehalten werden könne. Er redete stattdessen »dem Markt« das Wort, der alles von selbst richten würde. »Wer könnte besser über Sein oder Nichtsein urteilen als der Markt?!«

Vernünftiger und wesentlich ehrlicher – und das nicht nur wegen unserer persönlichen Nähe – schien mir, was der inzwischen in Jena, in einem dieser »industriellen Kerne« tätige Lothar Späth 1993 zur Lagebeurteilung in dieser Debatte beisteuerte. »Inzwischen ist das Produktionspotential Ostdeutschlands auf nur noch ein Drittel und die Beschäftigung um 3,7 Millionen auf weniger als zwei Drittel des DDR-Niveaus abgesunken. Von den derzeit noch rund 3.000 Betrieben im Eigentum der Treuhand, darunter einige hundert, die man zum industriellen Kern der ostdeutschen Wirtschaft rechnen kann, dürfte bestenfalls noch die Hälfte, vermutlich aber nur ein Drittel privatisierbar sein. Das aber auch nur dann, wenn neue Modelle unternehmerischen Managements in Verbindung mit gezielten öffentlichen Finanzhilfen und strukturpolitischen Maßnahmen geschaffen werden.« Für Späth war die Idee von der Erhaltung industrieller Kerne eine »zeitlich eng befristete Übergangsmaßnahme«, er forderte »eine zukunftsorientierte regionale Strukturpolitik« als alternative Strategie.

Unschwer zu erkennen: Ihm schwebte eine schwäbische Wirtschaftslandschaft vor.

Statt die Chance für umfassende Reformen auf allen Feldern zu begreifen und zu nutzen, »wird das westdeutsche System in den Osten übertragen«. Späth zählte einige Beispiele auf, die bewiesen, »dass uns die Initiative fehlt, um verkrustete Strukturen aufzubrechen und einen Neuanfang in Deutschland zu wagen. Dabei sollte doch inzwischen eines klar geworden sein: Mit den bisher angewandten Rezepten ist Ostdeutschland nicht zu entwickeln. Die alten Bundesländer können kein Vorbild für die neuen sein.« Das war ein Schlüsselsatz, der für mich bis heute seine Gültigkeit nicht verloren hat.

Juergen B. Donges, der Wirtschaftsprofessor aus Köln, widersprach hingegen Späths Präferenzen einer regionalen Strukturpolitik. »In einer offenen Volkswirtschaft ist es eine Illusion zu glauben, dass man sich dem Mechanismus der internationalen Arbeitsteilung auf längere Zeit entziehen könne«, entgegnete er. »Die Erfahrungen, die in Westdeutschland (und anderen Industrieländern) mit staatlicher Industriepolitik gemacht wurden, sind alles andere als beruhigend. Im Saarland, im Ruhrgebiet und in Schleswig-Holstein wurde jahrzehntelang Strukturerhaltungspolitik betrieben. Auch da ging es angeblich um die Erhaltung der industriellen Substanz, festgemacht am Steinkohlenbergbau, der Stahlindustrie und den Werften. Die Folgeschäden sind heute noch spürbar, immer noch tun sich diese Regionen schwer, anstelle alter, nicht wettbewerbsfähiger Industriestrukturen neue, wachstumsträchtige zu entwickeln.

Die Arbeitsplätze in den von der Politik und den Gewerkschaften für erhaltungswürdig angesehenen Unternehmen sind nicht sicherer geworden; im Gegenteil, Hunderttausende von Arbeitsplätzen sind dem Rotstift zum Opfer gefallen, ein weiterer Beschäftigungsabbau ist unvermeidbar.«

Juergen B. Donges plädierte zwar auch für die Fortsetzung der Privatisierungspolitik der Treuhand, erklärte aber der Strategie zur Erhaltung der industriellen Kerne eine Absage. »Unter den gegebenen und vorhersehbaren binnenwirtschaftlichen und weltwirtschaftlichen Bedingungen (ist das) ein Irrweg.«

Natürlich atmete das den Geist des Neoliberalismus, der sich selbst spätestens bei der globalen Finanz- und nachfolgenden Wirtschaftskrise 2008 als Irrweg erweisen sollte.

Warum aber hole ich die Auseinandersetzungen um den Kurs zur Modernisierung des Wirtschaftsmodells Deutschland noch einmal hoch?

Einzig deshalb, um zu zeigen, dass der gegenwärtige Zustand unseres Landes Resultat einer langjährigen Entwicklung mit falschen Weichenstellungen und verpassten Chancen ist. Äußere Einflüsse – internationale Krisen und Konflikte, Corona, Klima, Energie bis hin zum gegenwärtigen Krieg in der Ukraine – haben manche Prozesse allenfalls beschleunigt, nicht aber ausgelöst. Der Kapitalismus steckte schon in den achtziger Jahren in der Krise. Der Zusammenbruch des Ostblock wirkte belebend, die Übernahme der DDR durch die Bundesrepublik scheinbar wie eine Frischzellenkur. Aber das war eine Wunschvorstellung. Der Niedergang wurde nur verlangsamt. Wir saßen bereits auf der schiefen Ebene und schienen allenfalls noch über die Geschwindigkeit befinden zu können, mit der wir in den Abgrund gleiten würden …

Der heutige Tag ist immer ein Resultat des gestrigen, wusste Heinrich Heine 1831/32, als er die französischen Zustände beschrieb. Und er fügte an: »Was dieser gewollt hat, müssen wir erforschen, wenn wir zu wissen wünschen, was jener will.«

Will heißen: Wir dürfen uns bei der Beurteilung unserer Lage nicht auf die Bewertung der Tagespolitik konzentrieren, sondern müssen den Blick weiten für die Vergangenheit und die langen Bögen der Geschichte, um die Zukunft zu gestalten.

Diese fundamentale Erkenntnis sollte sich die junge Generation unbedingt zu eigen machen! Und energisch widersprechen, wenn versucht wird, die Geschichtswissenschaft als subjektive Pseudowissenschaft zu verunglimpfen.

Verblendung

Geschichtsbilder sind nicht Abbildungen
des Vergangenen, sondern Ein-Bildungen
der Vorstellungs- und Urteilskraft.
Sie lassen sich nicht verordnen.
[...] Die politische Teilung Deutschlands
spaltete auch die deutschen Geschichtsbilder.

Prof. Karl-Ernst Jeismann, Münster

Reinhard Höppner war zu DDR-Zeiten Lektor im Aka-
demieverlag und 1999, als er mich zum Gespräch mit
Matthias Platzeck nach Halle einlud, seit fünf Jahren
Ministerpräsident des Landes Sachsen-Anhalt. Seine
Gesprächsreihe hatte er unter das Motto gestellt »Leben
mit der DDR«. Ihm war daran gelegen, Zeitzeugen zu
befragen und ihre Erinnerungen festzuhalten, weil jedermann weiß, dass viele Dinge im Moment ihres Stattfin-
dens nicht dokumentiert wurden.

In der SED-Führung war es üblich, heikle und unan-
genehme Angelegenheiten nicht in Schriftform zu regeln,
sondern mündlich zu besprechen, um keine Spuren zu
hinterlassen, also Belege etwa für Gesetzes- und Verfas-
sungsverletzungen zu liefern, die einen später belasten
konnten. Helmut Kohl beispielsweise tat dies auch. Der
CDU-Vorsitzende führte seine Partei und das Land mit
der Erfindung von Alexander Graham Bell, sein berühm-

tes kleines schwarzes Notizbuch enthielt wohl tausende Telefonnummern und Namen von Personen, die ihm da und dort aufgefallen waren. Ein Weggefährte nannte ihn einen »Großmeister des telefonischen Gespräches«. Und ein anderer zum gleichen Sachverhalt: »Wie er mit winzigem Bleistift in sein winziges Notizbuch Termine und Bemerkungen eintrug, ein Facebook der ganz anderen Art – das hatte museale Größe.«

Politik mit Telefon.

»Da erlaubt sich jemand einen Scherz, dachte ich, als ich die Stimme Helmut Kohls das erste Mal am Telefon hörte«, heißt es bei Stephan Holthoff-Pförtner (CDU), bis 2022 Minister in NRW und in der CDU-Spendenaffäre Kohls Strafverteidiger.

Der Vorzug des gesprochenen Wortes besteht darin: Es ist flüchtig. Man kann es nicht in die Ablage legen oder ins Archiv bringen. Und später kann man sich auf seine Erinnerungslücken berufen. Wie etwa Olaf Scholz (SPD) vorm Palamentarischen Untersuchungsausschuss in Hamburg, als dieser ihn zur Steueraffäre der Warburg-Bank befragte. »Mehr als 20 Mal habe sich Scholz allein im öffentlichen Teil des Untersuchungsausschusses nicht mehr erinnert und auf Fragen nicht geantwortet«, entrüstete sich am 30. April 2021 die *Süddeutsche Zeitung*. Da war Scholz noch nicht Kanzler, nur der Kandidat seiner Partei. Und schon derart vergesslich.

Ohne Papier kein Beweis.

Die Nazis führten genau Buch, in überlieferten Akten – sofern sie nicht verbrannten – finden sich Belege für jedes Verbrechen. Das war deutsche Gründlichkeit. Akribisch auch die Bemühungen des Bundesbeauftragten für die Unterlagen des Staatssicherheitsdienstes der ehemaligen Deutschen Demokratischen Republik (BStU), die vom MfS in 16.000 Säcken hinterlassenen Papierschnipsel zusammenzufügen. Bei der Rekonstruktion der darin vermuteten 40 bis 55 Millionen Blatt, woran man seit den neunziger Jahren arbeitet, ist man schon weit vorangeschritten. Immerhin wurden in zwanzig Jahren an die zwei Millionen Seiten bereits zusammengesetzt. 2021 wurde die Behörde für die Stasiakten aufgelöst, ihre Bestände kamen ins Bundesarchiv, vermeldete *Die Welt* am 24. März 2021 und zitierte Christian Booß, jahrzehntelang Mitarbeiter der BStU und Vorsitzender des *Bürgerkomitees 15. Januar*, das sich für DDR-Aufarbeitung einsetzte: »Das Projekt ist von der Behörde in den Sand gesetzt worden. Im Moment ist das Projekt tot. Seit vier Jahren wird nichts mehr elektronisch zusammengesetzt. Die Mitarbeiter sind alle weg, die Hardware ist abgebaut, der Projektleiter in Rente. Jetzt sollen wieder per Hand zerrissene Akten gepuzzelt werden. Das ist ein Witz.«

Nun, Heiterkeit durchzog auch das seinerzeitige Gespräch mit Höppner und Platzeck. Zumal wir uns einig waren, dass die Geschichte der Gegenwart eines voraus hat: Sie hat stattgefunden, sie ist vorbei, man hat sie hinter sich gebracht. Was geschehen ist, das ist geschehen. Wir Menschen besitzen allerdings die Fähigkeit, nachträglich zu entscheiden, woran wir uns erinnern wollen und woran nicht. Und *wie* wir dies tun. In dieser Hinsicht unterscheiden wir uns prinzipiell vom lieben Gott. ER kann die Vergangenheit nicht ändern – wir schon.

George Orwell hat in seinem Roman »1984« beschrieben, wie ein *Ministerium für Wahrheit* alte Zeitungsberichte und somit die Vergangenheit und deren Abbild der jeweils aktuellen Parteilinie anpasst. Heute würde man sagen: novellieren, sie in den Mainstream führen. Abweichungen und andere Auffassungen, wir kennen das, werden als Geschichtsrevisionismus verurteilt, in nicht so schwerwiegenden Fällen als Nostalgie getadelt.

Ich bin weder Winston Smith, der Zuständige in Orwells Wahrheitsministerium, noch einer, der sich anmaßt, allgemeingültige Urteile zu sprechen. In den achtziger Jahren studierte ich Geschichte an der Rostocker Universität und bin Diplomhistoriker. Darum weiß ich, wie stark Urteile auch von Vertretern meiner Zunft dem Zeitgeist unterliegen. Die vermeintliche Objektivität wird immer von der Perspektive der Zweckdienlichkeit und Erwartung bestimmt.

Allerdings stelle ich mich auch nicht an den Bordstein der Geschichte und verhalte mich neutral. Darin unterscheide ich mich möglicherweise von den meisten meiner Landsleute, die ein Leben in der Anonymität schätzen. Nicht auffallen, schön in der Deckung und hinter der Gardine bleiben. Insofern fand ich an der Tatsache nichts auszusetzen, als Menschen auf die Straße gingen, um ihre ablehnende Haltung gegenüber den verordneten Corona-Schutzmaßnahmen zu bekunden. Das war ein demokratisch zulässiger Akt: Man/frau verließ die Anonymität.

Kritik verdiente allerdings das Verschwörungsgeraune und -geschwurbel, das in den Demonstrationenszügen mitmarschierte. Von »Gib Gates kein Chance!« bis hin zu den Alu-Hüten, die vor Chemtrails schützen sollten. Wissenschaft zählte nicht, es dominierten Befindlichkeit und Unwohlsein. Dumpfer Missmut schien den Verstand bei manchem auszuschalten.

Ich beobachtete drei Muster bei diesen kruden Denkmustern: Nichts geschieht durch Zufall, alles ist im Geheimen von finsteren Mächten geplant. Nichts ist so, wie es scheint, die Verschwörer verschleiern alles. Und: Einrichtungen und Personen arbeiten geheim und unbemerkt zusammen, um uns zu täuschen und in die Irre zu führen. Und warum? Um uns und die Welt zu beherrschen.

Die Frage jedoch, *warum* die finsteren Mächte angeblich die Weltherrschaft anstreben, wird nicht gestellt. Folglich auch nicht beantwortet.

Geleugnet und bezweifelt wird nahezu alles: dass Corona wirklich existiert, dass es eine Klimaveränderung gibt, die menschengemacht ist, dass die Amerikaner vor fünfzig Jahren auf dem Mond waren. Oder dass Nine-Eleven, also der Anschlag auf das World Trade Center 2001, nicht von Islamisten, sondern von den amerikanischen Nachrichtendiensten inszeniert worden ist, um einen Anlass zu haben, den »Krieg gegen den Terror« auszurufen. Schließlich lieferte der Anschlag die Begründung für Dutzende Aggressionen weltweit. Wobei: Stellt man sich die alte Frage »Cui bono?«, wem nützt es, komm man zu solchen Schlüssen.

Auf den sogenannten *Social Medias* wurde im Herbst 2022 ein Foto verbreitet. Es zeigte die US-Präsidenten George Bush sr. und jr., Bill Clinton und Barack Obama. Und dazu den Spruch: »Mehr als zehn Kriege, Millionen Tote, einen Friedensnobelpreis, null Sanktionen …« Mit dem letzten Wort wurde klar, worauf die Anspielung zielte. Und das war nun keine Verschwörungstheorie. Es ist die bittere Wahrheit und also Geschichte. Auf die Amerikaner werde ich später eingehen.

Die Bundesrepublik selbst wurde von Querdenken-Mitmarschierern infrage gestellt, ihre Existenz wie ihre staatliche Integrität bestritten. Die Unruhestifter nennen sich Reichsbürger, andere wiederum schwenken Schwarzweißrot, die Trikolore des deutschen Kaiserreichs und Nationalflagge des Nazistaates, ehe dieser sich für die Hakenkreuzflagge entschied. Deutsche Gerichte urteilten, dass allein das öffentliche Zeigen der Reichsflagge weder die Straftatbestände des § 86a StGB (Verwenden von Kennzeichen verfassungswidriger Organisationen) oder des § 130 StGB (Volksverhetzung) erfülle noch stelle es eine Störung der öffentlichen Sicherheit und Ordnung im Sinne der landesrechtlichen polizei- und ordnungsrechtlichen Generalklauseln dar. Eine mit dem Gebrauch der Flagge möglicherweise beabsichtigte politische Provokation sei hinzunehmen, solange die Gefahrenschwelle nicht überschritten sei (Verwaltungsgerichtshof Baden-Württemberg am 15. Juni 2005).

Als im August 2020 plötzlich die schwarzweißroten Banner auf den Stufen des Reichstages wehten und etwa vierhundert Demonstranten in den Bundestag gewaltsam einzudringen versuchten wie unlängst in Washington Trump-Fans ins Capitol, endete die Nachsicht des deutschen Staates jedoch. Es wurden an die dreihundert Ermittlungsverfahren eingeleitet und »Querdenken«-Demonstrationen von der Polizei verboten. Im Dezember 2022 durchsuchten gar um die dreitausend Polizeibeamte 130 Objekte von Reichsbürgern und Querdenkern in mehreren Bundesländern und konfiszierten Waffen und andere Beweismittel für die Annahme, dass ein Staatsstreich geplant gewesen sei. Der Generalbundesanwalt ließ ein halbes Hundert Personen mit dem Vorwurf festnehmen, sie hätten eine terroristische Vereinigung gebildet oder diese unterstützt und einen Umsturz geplant, um in Deutschland die Macht zu übernehmen. So sollte, wie es hieß, von ihnen unter anderem die Stromversorgung lahmgelegt werden, um »bürgerkriegsähnliche Zustände« auszulösen.

Ich erinnere mich nicht, dass der Begriff »Staatsstreich« bis dato jemals im Kontext bundesdeutscher Innen- und Sicherheitspolitik öffentlich benutzt worden war. Gewaltsame Umstürze verortete man nur in Staaten der Dritten Welt. Waren wir inzwischen auch eine Bananenrepublik geworden?

Waren die Hinrichtung des Kasseler Regierungspräsidenten Walter Lübcke (CDU) im Sommer 2019 oder die Morddrohungen im Herbst 2019 an die Grünen Claudia Roth, Cem Özdemir und Robert Habeck sowie Mike Mohring (CDU) und Petra Köpping (SPD) oder die an Bundesgesundheitsminister Karl Lauterbach und dessen Kinder im November 2022 wohl doch nicht die Taten Einzelner?

Bundesinnenminister Horst Seehofer (CSU) nahm's 2019 als Ausdruck einer »hochproblematischen Verrohung unserer Gesellschaft«. Linken-Fraktionschef Dietmar Bartsch führte die Verbrechen auf ein »vergiftetes gesellschaftliches Klima« zurück.

Und das war noch vor Corona.

Der in Siegen in Nordrhein-Westfalen geborene Deutsch-Iraner Navid Kermani – Träger des Friedenspreises des Deutschen Buchhandels 2015 und des Ehrenpreises des österreichischen Buchhandels für Toleranz in Denken und Handeln 2017 – erklärte kopfschüttelnd zu diesen Vorgängen: »Freiheit ist nicht, immer alles sagen zu dürfen. Zur Freiheit gehört, dass man für sein Wort auch zur Verantwortung gezogen werden kann, wenn es andere verletzt.« Dem war und ist nicht zu widersprechen. Wie ich im Übrigen auch deshalb den Schriftsteller Kermani sympathisch finde, weil er diesen Gender-Unfug ablehnt. In einem Essay in der *Zeit* 2/2022 (»Mann, Frau, völlig egal«) konstatierte er, dass die Deutschen dabei seien, die deutsche Sprache zur einzigen in der Welt zu machen, »aus der die geschlechtsneutrale Verwendung maskuliner Substantive und Pronomen« verschwunden sei.

Die geschlechtsneutrale Verwendung von Personen oder Berufsbezeichnungen bringt die Gleichberechtigung wahrlich keinen Schritt voran. Viele *Hasen* leben im Tiergarten – sowohl männliche (Hasen) als auch weibliche (Häsinnen); *jeder* oder *niemand*, der helfen will, ist willkommen (für jede und jeder); alle *Lehrer* (zum Beispiel meine Tochter) wollen guten Unterricht machen – sowohl männliche als auch weibliche Lehrkräfte ... Doch unsere deutsche Sprachpolizei verlangt die Unterscheidung in Lehrer*innen, LehrerInnen, Lehrer:innen oder Lehrer_innen. Furchtbar. Und denen ist untersagt, zumindest in Berlin, beispielsweise bei der verbalen Beurteilung in Zeugnissen Personalpronomen in der 3. Person zu benutzen, also nie »sie« oder »er«. Stets muss der Name geschrieben werden. Man weiß ja nicht, welchem Geschlecht das Kind sich zugehörig fühlt.

Doch zurück zur Runde am 2. Mai 1999 mit MP Höppner und Matthias Platzeck, den ich früher mit »Herr Kollege« angeredet hätte, denn als wir zusammensaßen, war Platzeck Oberbürgermeister von Potsdam. Also der eingesetzte (Ex-)OB Berghofer und der mit 63,5 Prozent ins Amt gewählte OB Platzeck sprachen über ihre Erfahrungen in und mit der DDR und über die unterschiedlichen Erscheinungsformen von Opportunismus. Platzeck, Jahrgang 1953 und Diplomingenieur für biomedizinische Kybernetik, hatte wie die meisten seinen Grundwehrdienst bei der NVA geleistet und war nach dem Studium an der TH Ilmenau automatisch Reserveoffiziersanwärter geworden. Zu Beginn der achtziger Jahre – es war die Zeit des Afghanistan-Krieges der Sowjetunion und der Stationierung von Cruise Missiles und Pershing II der USA in Westeuropa – war Platzeck des militärischen Irrsinns überdrüssig und wollte keine Waffe mehr anfassen. »Das habe ich dem Wehrkreiskommando mitgeteilt«, erzählte er. »Die waren dort sehr ungehalten darüber, und ich musste dann zu Gesprächsrunden, wo nicht nur Uniformierte, sondern auch Herren in Zivil saßen.«

Nun, die Gespräche blieben für ihn ohne Folgen, Platzeck blieb weiter Abteilungsleiter in der Potsdamer Hygieneinspektion. Allerdings, und deshalb kam er in unserer Runde darauf zu sprechen, beschäftigte es ihn durchaus, wenn er heute auf jene Menschen aus dem Wehrkreiskommando treffe, die nunmehr Bertha von Suttners Appell »Die Waffen nieder!« durch die Straßen trügen. (Seit Ende März, nur zur Erinnerung, bombardierten NATO-Streitkräfte unter Führung der USA die Bundesrepublik Jugoslawien, die aktuell aus Serbien und Montenegro bestand. Militante Separatisten in der serbischen Provinz Kosovo führten den bewaffneten Kampf gegen Jugoslawien. Es hatte schließlich Vermittlungsgespräche in Paris gegeben. Ein Vertrag, der u. a. die Stationierung von 30.000 NATO-Soldaten auf dem Territorium der Bundesrepublik Jugoslawien vorsah und darum von Belgrad zu unterzeichnen abgelehnt worden war, führte schließlich zum Bombardement mit deutscher Beteiligung.) »Ich gestehe jedem Erkenntnis im Leben zu, völlig klar, und pazifistische schon gar. Ich hätte sie mir bei manchen ein bisschen früher gewünscht und nicht erst jetzt.«

Ich verstand Platzeck, obgleich ich mir sagte: Lieber spät als nie, wenn Menschen sich korrigierten und aufhörten, sich opportunistisch zu verhalten.

Auch in einem anderen Punkt waren wir uns einig: dass der Mensch, egal, wo und wann er lebt, sich immer anzupassen versucht. Es ist eine Überlebenshilfe. Deshalb, so Platzeck, würde er dies niemandem vorwerfen. »Wolfgang Berghofer hat vorhin den schönen Satz gesagt, dass er seine besten Jahre in der DDR verbracht hat. Ich hatte das Glück, ein paar von meinen besten Jahren in der DDR und dann ein paar der besten danach zu verbringen. Ich finde das eine sehr glückliche Fügung, denn erst durch den Vergleich kann man dieses oder jenes einschätzen, was zum Beispiel meinen Enkeln nicht mehr gegeben sein wird, weil sie den Vergleich nicht mehr haben können.«

Dann kam eine Frage aus dem Publikum nach meiner Haltung zu Deutschland insgesamt, die ich ebenfalls hier zitieren möchte, denn in jenem Gespräch vor fast einem Vierteljahrhundert und ein Jahrzehnt nach dem Ende der DDR artikulierte ich Überzeugungen, die ich noch heute unverändert vertrete. Ich antwortete also auf diese Deutschland- und Befindlichkeitsfrage:

»Ich lernte in der 8. Klasse noch das Heine-Gedicht ›Nachtgedanken‹: ›Deutschland hat ewigen Bestand, / Es ist ein kerngesundes Land! / Mit seinen Eichen, seinen Linden / Werd ich es immer wiederfinden.‹ Ich bin gewissermaßen national und patriotisch erzogen. Ich kannte Freiligrath und Clausewitz. Ich sang von Lützows wilder, verwegener Jagd. Ich kannte die napoleonischen Befreiungskriege. So gesehen bin ich ein richtig guter Deutscher. Und wenn ich auf Gleichaltrige aus dem Westen treffe, dann muss ich oft mit Erschrecken feststellen, da sind große Bildungslücken deutscher Geschichtsbetrachtung.«

An anderer Stelle kam ich noch einmal auf die Art der Geschichtsschreibung zu sprechen, wie wir sie kennen, und zitierte die keineswegs falsche Behauptung, die wahlweise Voltaire, Napoleon oder Talleyrand zugeschrieben wird: »Geschichte ist die Lüge, auf die man sich geeinigt hat.« Darin vermochte ich viel Wahres zu erkennen. Je weiter wir uns nämlich von den Ereignissen entfernten, desto unterschiedlicher würden die Interpretationen ausfallen, ihre subjektiven Deutungen. Und je häufiger man nur die eine hörte, desto mehr Mneschen würden sie als *wahr* annehmen. Schon der bekannte österreichische Schriftsteller Alfred Polgar erklärte diesen Vorgang pointiert auf seine Weise: »Die Menschen glauben viel leichter einer Lüge, die sie schon hundertmal gehört haben.«

Es sei eine Illusion zu meinen, es gebe ein für alle Zeit gültiges Geschichtsbild, erklärte ich. Es werde nie so sein, dass wir sagten: Das ist *die* Geschichte der DDR oder das ist *die* Geschichte der BRD. Es gibt viele Wahrheiten, eben nicht nur eine einzige. Gesellschaftswissenschaften und Naturwissenschaften sind darin sehr verschieden. »Es kommt immer darauf an, von welchem Standpunkt aus wir die Geschichte betrachten.« Naturwissenschaften hingegen haben allgemeingültige Regeln, Gesetze und Definitionen.

Und ich wagte noch hinzuzufügen, dass der Untergang des Realsozialismus mindestens einen Nachteil hatte, nämlich den, »dass das Korrektiv für den anderen Wettbewerber nun fehlt«. Denn bei jeder politischen, wirschaftlichen oder militärischen Entscheidung wurde immer mitgedacht, wie die andere Seite darauf reagieren könnte. »So manche Entscheidung wurde deshalb bedachter und tiefgründiger analysiert als heute.«

Ernst Piper, Privatdozent für Neuere Geschichte an der Universität Potsdam, fand dafür 2010 eine schlüssige Erklärung: »Die Bundesrepublik und die DDR waren wie siamesische Zwillinge durch ihre Herkunft unauflöslich miteinander verbunden, aber sie waren feindliche Brüder, die einander entgegengesetzten Wertegemeinschaften und sozialen Systemen angehörten. Die Bundesrepublik bekannte sich dazu, in der Tradition deutscher Staatlichkeit zu stehen und nahm damit auch das kulturelle und geistige Erbe der Deutschen für sich in Anspruch, während die DDR sich als den Staat sah, in dem das antifaschistische Deutschland die Macht errungen hatte, und so bemüht war, sich gewissermaßen zu den Siegern des Zweiten Weltkriegs zu zählen.«

Ich verwies bereits auf die antinapoleonischen Kriege, zu denen auch die Konvention von Tauroggen gehörte. Am 30. Dezember 1812 handelten sie der preußische Generalleutnant Ludwig von Yorck und der in russischen Diensten stehende Generalmajor Hans Karl von Diebitsch aus: auf damals russischem Territorium – Tauroggen gehört seit 1918 zu Litauen und heißt heute Tauragė. Dadurch schied Preußen aus dem mit Frankreich erzwungenen Bündnis gegen Russland aus und schloss sich den Russen an. Das war der Beginn der Befreiungskriege, in denen sich die Völker Europas der Vorherrschaft Frankreichs unter Napoleon bis 1815 entledigten. Die beiden Generale – Befehlshaber zweier bis dahin verfeindeter Armeen – unterzeichneten einen Waffenstillstand, mit dem dann die eine Seite zur anderen wechselte.

Yorck hatte sich – auf Vorschlag des in russischen Diensten stehenden Carl von Clausewitz – zu diesem Schritt entschlossen, weil der ihn vor einem absehbaren militärischen Debakel bewahrte und Tausenden seiner Soldaten das Leben rettete. Dafür hatte er kein Plazet durch seinen König in Berlin. Im Kern handelte es sich also um die Verweigerung seines Auftrags, als Hilfskorps an der Seite der Franzosen und unter deren Kommando weiter gegen die Russen zu kämpfen. Kurzum: Es war eine Befehlsverweigerung. Darum wurde Yorck auch von seinem Kommando entbunden, worum der sich aber nicht scherte. Am 5. Februar 1813 erfolgte der Aufruf der »Putschisten« an die preußischen Stände, sich gegen die napoleonische Fremdherrschaft zu erheben – ebenfalls ohne Zustimmung des Königs. Am 28. Februar wurde im russischen Hauptquartier, dass sich damals im polnischen Kalisch (Kalisz) befand, zwischen Preußen und Russland ein Friedens-, Freundschafts- und Bündnisvertrag geschlossen. Preußen verpflichtete sich, 80.000 Mann zu stellen. Der Vertrag garantierte in einem geheimen Artikel die Wiederherstellung Preußens in den Verhältnissen vor 1806 und enthielt zusätzliche territoriale Zugeständnisse.

Das waren Umstände und Details, die zur Erziehung befehlsgehorsamer Staatsbürger nicht recht taugten. Und so wurde von den Geschichtsschreibern der Hohenzollern die Befehlsverweigerung nicht weiter erörtert, sondern in den Darstellungen des dann folgenden Krieges ohne Wertung allenfalls untergebracht, wenn nicht gar unterschlagen.

In der DDR hingegen wurde Tauroggen als Beginn der deutsch-russisch-sowjetischen Waffenbrüderschaft gewürdigt, was allerdings auch einiger ideologischer Klimmzüge bzw. Auslassungen historischer Fakten und Zusammenhänge bedurfte.

»Dass in der DDR intensiver und häufiger auf das Jahr 1813 Bezug genommen wurde als in der Bundesrepublik lag auch daran, dass sich auf ihrem Staatsgebiet die historischen Orte befanden, in oder bei denen sich Hauptereignisse oder solche, die in diesen Rang gesetzt wurden, zugetragen hatten. Das galt für die Schlachten bei Weißenfels und Lützen, bei Bautzen und Dresden, bei Großbeeren und Dennewitz, für Stralsund und natürlich für Leipzig. Andere Orte gehörten zum polnischen oder tschechoslowakischem Staatsgebiet, so Breslau und Kalisch, Kolberg, die Katzbach, die wilde Neiße und Kulm. Tauroggen war litauisch, Königsberg sowjetisch geworden«, erklärte der Historiker Kurt Pätzold in seiner 2013 erschienen Publikation (»1813. Der Krieg und sein Nachleben«) die unterschiedliche Rezeption in beiden deutschen Staaten. Auch die wenig rühmliche Rolle von Napoleons Langzeitverbündeten in Bayern, Württemberg und Baden mag dazu beigetragen haben, dass in westdeutschen Ländern weniger Anlass gesehen wurde, sich jener Periode deutscher Geschichte zu erinnern.

In der Bundesrepublik sieht man die Sache unverändert zwiespältig. Während die einen die Allianzen mit

Russland in die illegale Ecke stellen (die Bündnisse mit den Russen wurden »häufig heimlich eingefädelt« – siehe Rapallo 1922, siehe den deutsch-sowjetischen Nichtangriffspakt 1939), schieben andere diese Verbindungen in graue Vorzeiten, womit sie sich im Nebel des Vagen und Unbestimmten verlieren: »In Wirklichkeit gehen die Kontakte weiter zurück bis auf die Zeit um 850, als das Ostfränkische Reich auf deutscher Seite und das Reich der Kiewer Rus auf der anderen entstehen.« (*Die Welt* am 29. Juni 2021)

In jedem Falle gelten diese Beziehung als kontamiert, hält man sie – insbesondere seit dem Überfall Russlands auf die Ukraine 2022 – für prinzipiell falsch.

Mit Russen verhandelt man nicht …

Noch im gleichen Jahr, 1999, hatte MP Reinhard Höppner auch Marion Gräfin Dönhoff zu Gast. Die 1909 unweit von Königsberg geborene Adlige, 1946 Mitbegründerin und Herausgeberin der *Zeit* in Hamburg, verleugnete ihre preußische Herkunft nicht. (Beständigkeit und Zuverlässigkeit, Treue und Ehrlichkeit, Mut und Tapferkeit, Gehorsam und Selbstdisziplin, Fleiß und Qualität galten als preußische Tugenden.) Die Frau hatte sich in den achtziger Jahren beim Skifahren zwei Rückenwirbel gebrochen und musste in den neunziger Jahren drei Mal wegen Brustkrebs operiert werden. Nun stand sie Höppner und seinem Publikum eine reichliche Woche vor ihrem 90. Geburtstag Rede und Antwort. Die Frau vereinte preußische Pflichterfüllung mit der Freiheit des Denkens.

»Ich habe merkwürdigerweise schon als verhältnismäßig sehr junger Mensch die große Verschiedenheit der Leute im Osten und im Westen empfunden. Im Osten gab es einen feudalen Hintergrund, paternalistisch, protestantisch, ländlich, agrarisch, im Westen war der Hintergrund vorwiegend katholisch, industriell, städtisch. Ich habe dann manchmal gedacht, wenn mir ausländische Freunde sagten: Ihr Deutschen seid immer so furchtbar *tense*, so gespannt. Das kommt daher, dass man da zwei Hälften zusammengeklebt hat, die vielleicht ursprünglich nicht füreinander gedacht waren.«

Richard von Weizsäcker, mit dem sie vom Nürnberger Kriegsverbrecherprozess berichtet hatte, formulierte diesen Gedanken auf seine Weise: Deutschland ist der Osten des Westens und der Westen des Ostens.

»Wenn man das unter dem Aspekt der Einheit betrachtet, ist das gewissermaßen richtig. Dazu kommt nun, vierzig Jahre in zwei total verschiedenen Welten zu leben, wo die Gesellschaft anders ist, die Maßstäbe, die Ziele anders sind.« Es sei ein »großer Irrtum« zu denken, »wenn die Mauer weg ist, dann wird alles wieder ungefähr so sein wie vorher«. Und dann plauderte Gräfin Dönhoff aus dem Nähkästchen. Sie habe Kohl gefragt: »›Helmut, was glauben Sie denn, wie lange dauert das Ganze, bis wir wieder eins sind?‹ Worauf er sagte: ›Also ich würde meinen, wirtschaftlich zehn bis fünfzehn Jahre, psychologisch zwei Generationen.‹«

Sie habe damals gedacht: »Das kann nicht sein.«

Die Gräfin starb 2002.

Wir wissen, dass ihre Zweifel berechtigt waren.

Nationalismus

Nach der Lektüre einer Untersuchung über die
Geschichtsvorstellungen der Balkanvölker betrachteten
viele Politiker der USA den Versuch zur Beilegung
des Konflikts als aussichtslos.

Richard Holbroke, Sondergesandter der USA auf dem Balkan,
in: Meine Mission vom Krieg zum Frieden, München 1998

Marion Gräfin Dönhoff blickte zurück und damit auch in die Zukunft, die damals noch in weiter Ferne lag und heute Gegenwart ist.

Jahrhundertlang habe es »auf unserem Gebiet« Auseinandersetzungen gegeben, erzählte sie bei Höppner. »Mal mit den Russen, mal mit den Polen, Schweden oder Dänen.« Aber niemals seien Menschen aus ihrer angestammten Heimat vertrieben worden. »Wenn ich meine Familie als Beispiel nehme: Die war im 13. Jahrhundert nach Osten gezogen, und zwar nicht nach Ostpreußen, sondern gleich ein Stück weiter nach Livland. Dort gab es ungefähr im Jahr 1560 einen Frieden, in dem eine Grenze gezogen wurde. Da haben die Polen gesagt: Alles was nördlich ist, das seid ihr. Alles was südlich ist, sind wir. Da sind auch meine ganzen Verwandten einfach dageblieben. Damals gab es keinen Nationalismus.«

Die Gräfin rekurrierte auf Polen-Litauen, das als föderaler Ständestaat bis 1795 bestand. Das Königreich

Polen, das Großfürstentum Litauen, das Königliche Preußen und das Herzogtum Livland bildeten eine Realunion, einen Vielvölkerstaat, dessen Gebiet in seiner größten Ausdehnung um 1618 – als in Zentraleuropa der Krieg begann, der dreißig Jahre währen sollte – weit über siebenhunderttausend Quadratkilometer umfasste: den größten Teil des Staatsgebietes des heutigen Polen, das gegenwärtige Litauen, Lettland und Belarus, weite Teile der Ukraine sowie Regionen von Russland, Estland, Rumänien und der Republik Moldau. Dort lebten seinerzeit rund zwölf Millionen Einwohner in ethnischer und religiöser Vielfalt: Juden, Katholiken, Protestanten, orthodoxe Christen und Moslems. Schon darum hielt man sich aus dem Krieg der Katholiken und der Protestanten in Zentraleuropa heraus. In der polnischen Rückschau gilt dieses Staatengebilde als erste polnische Republik. Sie endete 1795 mit der dritten Teilung des Landes. Polen-Litauen verschwand, wie andere einst souveräne Staaten auch, endgültig von der politischen Landkarte Europas im Ersten Weltkrieg. An der finalen Vernichtung Polen-Litauens waren das Königreich Preußen, das Haus Habsburg und das Russische Kaiserreich beteiligt …

Dieser Exkurs gilt nur der Aufhellung historischer Zusammenhänge, die, weil Familiengeschichte der Dönhoff, zwar der Rednerin präsent, aber dem Auditorium, das an ihren Lippen hing, nicht unbedingt geläufig war.

Die *Zeit*-Herausgeberin ging dann auf die Vertreibung nach dem Ersten und dem Zweiten Weltkrieg ein, was sie als »eine besonders schwere Sünde« bezeichnete.

Und sie projezierte die seinerzeitigen Nachkriegserfahrungen, als Millionen und Abermillionen Menschen sich zwangsweise auf Völkerwanderung begeben mussten, in die Gegenwart. »Wenn dieser ethnische Krieg (*gemeint war der Konflikt auf dem Balkan – W. B.*) als Grund um sich greift, dann haben wir noch allerhand vor uns.«

Mit dieser düsteren Prognose sollte die Gräfin recht behalten. Nach dem vermeintlichen Ende des Kalten Krieges und der ungebremsten Globalisierung erfuhren Nationalismus und Chauvinismus einen nie geahnten Aufschwung. Das längst überwunden geglaubte Bedürfnis nach »ethnischer Reinheit« kehrte wieder. Die Betonung des Nationalismus war einerseits ein Abwehrreflex auf die wachsende Vereinnahmung durch internationale Bündnisse und Konzerne. Andererseits wirkten zentrifugale Kräfte in Staatenbündnissen, in denen sich kleinere Partner von einer dominanten Großmacht bevormundet und unterdrückt fühlten und sich als eigenständige, unabhängige Nation zu formieren begannen.

Die meisten ehemaligen Sowjerepubliken verließen die Jahrzehnte bestehende Union, und auch Jugoslawien zerfiel in seine ursprünglichen Bestandteile. Dabei wurden die ethnischen und religiös-kulturellen Sezessionsbestrebungen oft begleitet von gewalttätigen Auseinandersetzungen, die vom Westen mehr als nur mit Sympathie begleitet wurden. Ich bin davon überzeugt, dass Hans-Dietrich Genscher (FDP) – nächst Andrej A. Gromyko der längstgediente Außenminister Europas – im Mai 1992 einzig deshalb freiwillig aus dem Amt schied, weil er gesehen hatte, was er auf dem Balkan angerichtet hatte. Die Gesundheit des damals Mittsechzigers wird es nicht gewesen sein, denn Genscher lebte noch fast ein Vierteljahrhundert glücklich und zufrieden in Wachtberg-Pech bei Bonn und bekam 2016 ein Staatsbegräbnis.

Der westdeutsche Außenminister Genscher hatte im Dezember 1991 im Alleingang die abtrünnigen jugoslawischen Bundesstaaten Slowenien und Kroatien als eigenständige Staaten anerkannt. Die Regionen gehörten bis 1918 zum Habsburger Reich, weshalb sich Genscher zwar mit Wien, allerdings nicht mit der EU in Brüssel verständigt hatte. Die diplomatische Anerkennung der beiden Separatstaaten verletzte die Schlussakte der Konferenz für Sicherheit und Zusammenarbeit, die von den Staatschefs der seinerzeit bestehenden 33 Staaten Europas sowie der USA und Kanadas vor sechzehn Jahren erst unterzeichnet worden war. Ich erinnerte mich noch genau des Fotos, das Honecker 1975 in Helsinki zwischen Bundeskanzler Helmut Schmidt und US-Präsident Gerald Ford zeigte.

Genscher ignorierte alle Gutachten und Gespräche und wurde nicht nur vom UNO-Generalsekretär dafür gerügt, dass er den Zerfall Jugoslawiens maßgeblich gefördert und die Gräuel der nachfolgenden Kriege mit verursacht hatte. Die deutsche Bundesregierung war zudem auf verschiedenen Wegen diplomatisch davor gewarnt worden, Slowenien und Kroatien anzuerkennen, weil befürchtet wurde, dass die ethnischen und militärischen Auseinandersetzungen auch auf die anderen jugoslawischen Bundesländer übergreifen würden. Und genau das trat ein.

Genscher warf also, nachdem er gesehen hatte, was er angerichtet hatte, den Bettel hin. Die Schlussakte der Konferenz für Sicherheit und Zusammenarbeit in Europa (KSZE), aber auch das Völkerrecht sah die territoriale Integrität eines Staates als das wichtigste Gut, das entschieden von jeder Staatsmacht verteidigt werden musste, weshalb beispielsweise separatistische Bewegungen in Europa – etwa die der Basken und der Katalanen in Spanien oder der Irisch-Republikanischen Armee (IRA) seit 1919, die der Flamen in Belgien und der Schotten in Großbritannien etc. – weder Unterstützung noch Anerkennung von außen bekamen und bekommen durften.

In Korb I hatte es zu den Themen *Unverletztlichkeit der Grenzen* und *Territoriale Integrität der Staaten* geheißen: »Die Teilnehmerstaaten betrachten gegenseitig alle ihre Grenzen sowie die Grenzen aller Staaten in Europa als unverletzlich und werden deshalb jetzt und in der Zukunft keinen Anschlag auf diese Grenzen verüben. Dementsprechend werden sie sich auch jeglicher Forderung oder Handlung enthalten, sich eines Teiles oder des gesamten Territoriums irgendeines Teilnehmerstaates zu bemächtigen.

Die Teilnehmerstaaten werden die territoriale Integrität eines jeden Teilnehmerstaates achten. Dementsprechend werden sie sich jeder mit den Zielen und Grundsätzen der Charta der Vereinten Nationen unvereinbaren Handlung gegen die territoriale Integrität, politische Unabhängigkeit oder Einheit eines jeden Teilnehmerstaates enthalten, insbesondere jeder derartigen Handlung, die eine Androhung oder Anwendung von Gewalt darstellt. Die Teilnehmerstaaten werden ebenso davon Abstand nehmen, das Territorium eines jeden anderen Teilnehmerstaates zum Gegenstand einer militärischen Besetzung oder anderer direkter oder indirekter Gewaltmaßnahmen unter Verletzung des Völkerrechts oder zum Gegenstand der Aneignung durch solche Maßnahmen oder deren Androhung zu machen. Keine solche Besetzung oder Aneignung wird als rechtmäßig anerkannt werden.«

Im Falle von Slowenien und Kroatien galten diese Regeln nicht mehr, und später auch nicht im Kosovo. Allerdings waren die Empörung riesig und die Reaktionen der »Völkergemeinschaft« gewaltig, als die Russen sich in ähnlich arroganter Weise über das Völkerrecht hinwegsetzten und 2014 die Krim übernahmen. *Quod licet Iovi, non licet bovi* – was Jupiter erlaubt ist, ist dem Ochsen noch lange nicht gestattet.

Die USA waren und sind Vorreiter auch hinsichtlich des Nationalismus, der sich allerdings aus anderen Quellen speist und nichts mit »Nation Building« zu tun hat. Schließlich werden die Vereinigten Staaten von Amerika 2026 den 250. Jahrestag ihrer Gründung begehen. Ihr Nationalismus ist mit dem Sendungsbewusstsein gepaart, anderen Staaten und Völkern weiszumachen, dass die amerikanische Art des Wirtschaftens und Zusammenlebens nicht nur die einzig mögliche, sondern auch einzig zulässige Staatsform ist. Die Vereinigten Staaten sind schließlich das Mutter-, Haupt- und Stammland der Demokratie. Die 1776 von ehemaligen Sklavenhaltern verfasste Unabhängigkeitserklärung gilt im Bewusstsein nicht nur der Amerikaner als eines der wirkungsmächtigsten Dokumente der demokratischen Staatsphilosophie.

Unbestritten war die von Vertretern aus dreizehn britischen Kolonien proklamierte Unabhängigkeit ein ebenso progressiver politischer Akt, wie es auch ihre Erklärung zu den Menschenrechten war (die allerdings nur frei geborenen, weißen Männern zugestanden wurden – nicht den Frauen, den Sklaven und den »freien Schwarzen«).

Es ist jedoch einer der großen Irrtümer zu meinen, dass historisch bedeutende Dokumente für immer gültig und Maßstab für heutiges Handeln sein sollten. Ich kenne niemanden, der sich etwa auf die Goldene Bulle beriefe. Dieses Grundgesetz des Heiligen Römischen Reiches von 1356 ist vor zehn Jahren zwar zum Weltdokumentenerbe geklärt worden, schließlich galt es fast ein halbes Jahrtausend. Doch kein Mensch, ausgenommen vielleicht ein paar spinnerte »Reichsbürger«, betrachten es als unverändert gültiges Regelwerk.

Die Welt, um wieder über den Großen Teich zurückzukehren, ist nach den Vorstellungen der meisten Amerikaner in Demokratien und Despotien geschieden. Staaten werden von weisen Präsidenten oder von aggressiven Autokraten gelenkt, und darum ist es ein edles wie legitimes Bedürfnis der Demokratien, die Opposition in Diktaturen zu ermutigen und dabei zu unterstützen, nötigenfalls zu steuern, damit sie die Herrschaft der Barbaren beendeten und die Demokratie, wie man sie in den westlichen Staaten lebt, auch dort errichteten. Oder sich, sofern nicht vorhanden, zur Nation formierten. Eben *Nation Building* wie etwa in Afghanistan oder Ukraine.

Das ist Propaganda, gewiss.

Aber sie wird geglaubt. Von denen, die sie produzieren, und von jenen, für die sie mit Absicht gemacht wird. Die Welt ist geschieden in die Schöne und das Biest, es gibt den Guten und den Bösen, Kain und Abel, Faust und Mephisto, Jekyll und Hyde – wie im Märchen, im Western, in den Medien, in der Literatur. Verwundert es, dass diese schlichte Denkart besonders in einem Land fruchtet, in dem etwa sechzig Prozent seiner Bürger davon »überzeugt« sind, »dass Gott oder eine andere intelligente Kraft das Universum erschaffen hat? Nur 9,5 Prozent glauben daran, dass keine höhere Macht an der Entstehung der Welt beteiligt war«, meldeten 2014 die Agenturen.

Und zwar schuf Gott die Welt am 23. Oktober 4004 vor Christus, wie die Gottgläubigen und Gottesfürchtigen sagten. Keine Evolution über 4,6 Milliarden Jahre, sondern Schöpfung innerhalb von sechs Tagen. »Und Gott segnete den siebten Tag und erklärte ihn für heilig; denn an ihm ruhte Gott, nachdem er das ganze Werk der Schöpfung vollendet hatte.« So steht's in der Bibel, und darum stimmt es auch!

Ein Element zur Stärkung des Selbstbewusstseins und des Selbstvertrauens ist die nationale Komponente. Nicht zufällig weht in fast jedem amerikanischen Vorgarten das

Sternenbanner, greift sich jeder US-Patriot ergriffen ans Herz, wenn »The Star-Spangled Banner«, die Nationalhymne, erklingt. 1916 erhielten die amerikanischen Militärkapellen von Präsident Woodrow Wilson die Anweisung, dieses ursprüngliche englische Trinklied zu offiziellen Anlässen zu spielen.

Ein anderer US-Präsident prägte vor wenigen Jahren den Begriff »America First«, um den Anspruch der USA im nationalen Ranking der Staaten zu unterstreichen. Er hatte diese anmaßende, auftrumpfende Politik keineswegs, wie unterstellt, kreiert. Trump war lediglich ehrlich insofern, als er den Anspruch von *God's Own Country* auf die Führerschaft in der Welt offen und unverblümt aussprach. Das unterschied ihn von seinen Vorgängern und seinem Nachfolger, die alle das gleiche Ziel verfolgten bzw. unverändert verfolgen.

Denn sie machten und machen außenpolitisch und geostrategisch keine andere Politik, um diesen Machtanspruch auch durchzusetzen.

Darum erfolgte nicht im Februar 2022 die »Zeitenwende«, von der unser Bundeskanzler ergriffen sprach, der Zivilisationsbruch, wie seine medialen Verstärker sofort tröteten, weil die Russen die Ukraine überfallen hatten. Die damit bezeichnete »weltpolitische Zäsur« fand bereits 1999 statt, als der von den USA initiierte NATO-Krieg gegen Jugoslawien erfolgte.

Im November 2022 veröffentlichte die *Frankfurter Allgemeine Zeitung* den Leserbrief eines Karl Ulrich Voss, der auf die vom Kanzler postulierte »Zeitenwende« Bezug nahm. »Mit einiger Wahrscheinlichkeit werden mehr als eine Milliarde Menschen dieser Welt bei näherem Hinsehen den 7. Mai 1999 als den für sie größeren Epochenbruch bewerten, darunter sehr viele junge Menschen. Am 7. Mai war im Rahmen der bereits am 24. März 1999 aufgenommenen *Operation Allied Force* die chinesische Botschaft in Belgrad bombardiert worden. Der Ort – eine weitere europäische Hauptstadt. Die Zeit – weit vor Kiew.« Spätestens 1999 sei klargeworden, so Voss weiter: »Ein ambitionierter Westen will beim Durchsetzen seiner Werte- und Ordnungsvorstellungen und bei der progressiven Wahrung seiner wohlverstandenen Interessen künftig alles sein, nur nicht zimperlich – gerne aber dominant.« Die Elite in Washington kümmerte sich spätestens seit dieser Zeit und diesem Ereignis nicht mehr um die Folgen ihres Handelns, es ging ihr nur noch um ihre eigene nationale Dominanz.

Der Jugoslawienkrieg war ein Krieg der Vereinigten Staaten von Amerika, um EU-Europa noch stärker als bislang an sich zu ketten – man kann auch sagen: zu unterwerfen – und um Russland zurechtzustutzen, denn dessen Präsident war nicht mehr jener Trunkenbold, der die Sowjetunion aufgelöst und sich zum Narren des Westens gemacht hatte, indem er den Ausverkauf des Landes an Oligarchen und auswärtige Konzerne betrieb. Der neue Präsident namens Putin war ein selbstbewusster, ehrgeiziger junger russischer Nationalist.

Der Krieg gegen Jugoslawien war auch eine Machtdemonstration gegenüber der Volksrepublik China, denn deren Botschaft in Belgrad war wohl kaum zufällig angegriffen worden.

Russland hat – ohne damit dessen 2022 begonnenen Krieg gegen die Ukraine zu rechtfertigen oder zu beschönigen – lediglich mit »Verspätung« nachgeholt, was die USA bei der Zerschlagung Jugoslawiens getan hatten: nämlich aufs Völkerrecht gehustet, um eigene nationale Interessen brachial durchzusetzen. Nicht anno 2022 war der vermeintliche Zivilisationsbruch erfolgt, sondern bereits 23 Jahre zuvor.

Wobei ich meine Probleme nicht zuletzt mit der »Zeitenwende« habe – der Begriff wird so inflationär benutzt wie etwa die *BILD* unsympathische Regierungschefs als »Hitler« bezeichnet.

Dr. Christoph Heusgen, Leiter der Münchner Sicherheitskonferenz, sprach am 22. November 2022 bereits von einer *dritten* Zeitenwende in der Geschichte der Bundesrepublik: die erste 1949 mit ihrer Gründung, die zweite 1989 mit dem »Fall des Eisernen Vorhangs und der Wiedervereinigung«. Und nun diese.

Der Transatlantiker Sigmar Gabriel veröffentlichte 2021 ein Buch mit dem Titel »Zeitenwende in der Weltpolitik«. Dabei erwies er sich so wenig als Hellseher wie der Potsdamer Geschichtsprofessor Frank Bösch, der 2020 in seinem gleichnamigen Buch die Zeitenwende im Jahr 1979 verortete (»Als die Welt von heute begann«).

Bezeichnungen wie diese sind also Schall und Rauch und ohne Nutzwert, allenfalls propagandistischer Nebel und politischer Hebel für unvernünftige Entscheidungen, die Regierungen unter normalen Umständen nicht in ihren Parlamenten durchbekommen würden.

Horst Teltschik, Heusgens Vorgänger im Amte – er leitete von 1999 bis 2008 die Münchner Sicherheitskonferenz –, war unter Kanzler Kohl eine zentrale Person der deutschen Außenpolitik, zeitweise galt er als »Nebenaußenminister«. Er sprach im September 2022 auf einer von CSU-Politikern arrangierten Zusammenkunft in Sonthofen. Dort erklärte Teltschik die Vorgeschichte des Ukraine-Krieges und erinnerte daran, dass die USA »ohne jede Legitimation« in Afghanistan, den Irak und Libyen eingefallen seien »nach dem Motto: Wenn's uns nicht mehr passt, intervenieren wir.«

Putins Streitkräfte seien »nicht einfach so« in die Ukraine einmarschiert. Putin habe »auf eine Reihe von eklatanten Versäumnissen der Europäischen Union, der NATO und der westlichen Diplomatie« reagiert, gab ihn der *Merkur* wieder. »Teltschik erinnerte an Putins Geschichtsverständnis. Er wolle im Konzert der Weltmächte mitspielen, an die einstige Großmacht Sowjetunion anknüpfen«, so Teltschik zum Nationalismus des russischen Staatschefs. »›Putin fühlte sich ständig, wenn nicht missachtet, so doch nicht verstanden und nicht beachtet.‹ Wie habe der ehemalige US-Präsident öffentlich sagen können, Russland sei ein schwaches Land? Teltschik: ›Er hatte recht, aber er darf es nicht sagen.‹«

Die Anspielung war unmissverständlich. US-Präsident Barack Obama hatte im März 2014 – nach dem Staatsstreich in Kiew und der Übernahme der Krim durch Russland – das größte Land der Welt als »Regionalmacht« verspottet. Mit seinem »militärischen Vordringen« auf die Krim habe Moskau, so Obama, das Völkerrecht gebrochen.

Ja, hatte es.

Nichts anderes aber taten die USA seit Jahrzehnten!

»Allerdings verfügt Russland über das zweitgrößte Arsenal an Nuklearwaffen weltweit und ist immer noch Veto-Macht im UN-Sicherheitsrat«, erinnerte damals die *Süddeutsche Zeitung* und nannte Obamas Äußerung zu Recht »beleidigend«.

Worauf gründet die Arroganz der USA, einer Weltmacht im Niedergang?

Die Geburtsurkunde für diese Politik des »America First« fertigte ein US-Präsident gegen Ende des Ersten Weltkrieges aus. Dieser Woodrow Wilson formulierte damals, vor den Verhandlungen in Versailles, ein 14-Punkte-Programm. Dem äußeren Anschein nach sollte es das Konzept für eine europäische, gar globale Friedensordnung sein.

Darin plädierte er für die Ausbreitung des Kapitalismus (um den bis dato vorherrschenden amerikanischen Isolationismus zu überwinden) und für das Selbstbestimmungsrecht der Völker. Zugleich forderte Wilson für die USA jedoch auch das Recht ein, Demokratien in fremden Nationen zu »lenken« oder zu »formen«. Seine Forderung nach freier Schifffahrt auf allen Meeren, die Betonung der offenen Diplomatie, die Ablehnung von Geheimverträgen und die Schaffung kollektiver Sicherheit waren letztlich nur die liberale Umhüllung für die Durchsetzung amerikanischer nationaler Interessen. Zwar wurde Wilsons Programm nie vom

US-Senat angenommen, aber dennoch bestimmte es die Politik der USA im ganzen 20. Jahrhundert.

Sämtliche militärische Operationen, Interventionen und Kriege wurden – ganz im Wilsonschen Geist – moralisch begründet. Und die Begründung geht so: Die USA sind aufgrund ihrer ökonomischen und politischen Potenz der einzige Garant der internationalen Ordnung, weshalb sie auch über dieser Ordnung stehen und sie folglich auch diktieren müssen, statt sich ihr zu unterwerfen. Die westlichen Werte wie Demokratie, Freiheit, freie Marktwirtschaft und Menschenrechte werden von keinem Staat so gelebt wie von den USA. Das legitimiert einen »hegemonialen Internationalismus« – die USA führen die internationale Ordnung und sind zugleich strategisch unabhängig: Sie greifen dort aktiv ein, wo allein sie es für nötig erachten.

Bereits im Frühjahr 2001 – also noch vor Nine Eleven, als von den USA der »Krieg gegen den Terror« ausgerufen wurde – ließ Präsident Bush jr. ein gigantisches Rüstungsprogramm auflegen. Es sollte »alle Welt davon abhalten«, sich »auf einen Wettlauf einzulassen. Es schloss Laserwaffen im Weltraum ein, die jeden Punkt auf dem Globus treffen sollten, und Raketenabwehrsysteme, um unverwundbar zu werden, aber schlagen zu können. Das ist definitiv die Definition der Überlegenheit«, urteilte der deutsche Sozialdemokrat Egon Bahr und verurteilte diese hegemonialen – also nationalen – Ansprüche der USA.

Anders als seine Parteifreunde, die Bahr überlebten – er starb im August 2015 –, glaubte Bahr nicht an eine

Wertegemeinschaft mit den USA. Im März 2015 sprach er, eine reichliche Woche nach seinem 93. Geburtstag, im Berliner Adlon bei einer Preisverleihung von den Unterschieden der amerikanischen und der europäischen Werte. »Das nationale Interesse der USA ist von der moralischen Gewissheit durchdrungen, das auserwählte Volk Gottes zu sein. Nationalbewusstsein und Sendungsbewusstsein sind unlöslich verschmolzen.« Es sei sinnlos, das zu kritisieren, fügte er an, was fast resignativ klang. »Die amerikanische Position stellt einen moralischen Maßstab dar, der nicht verhandelbar ist. Das entspricht auch der amerikanischen Haltung, sich nicht durch fremde Ordnungen binden zu lassen. Das hat mit Macht und weniger mit Werten zu tun. Die Globalmacht USA wird sich nur binden, wo ihr Interesse das rät. Sie wird insgesamt ihre Politik der freien Hand verfolgen, um ihren Einfluss zu vergrößern.«

Und an anderer Stelle bekräftigte Bahr diesen Gedanken noch, dass sich die USA nicht durch eine Organisation wie etwa die UN von der Verfolgung ihrer Interessen abhalten ließe.

Das war und ist der alte Geist von Woodrow Wilson. Zbigniew Brzezinski, der Ex-Sicherheitsberater von US-Präsident Carter und strategische Vordenker Washingtons, hatte 1997 in seiner geopolitischen Monografie (»The Grand Chessboard: American Primacy and Its Geostrategic Imperatives«) eine von den USA diktierte neue Weltordnung entworfen. Darin wurde »Westeuropa als Protektorat seines Landes« (Bahr) bezeichnet. »Damals begann die Erkenntnis zu wachsen, dass die Selbstbestimmung Europas nach dem Ende der Sowjetunion nur noch als Emanzipation von Amerika stattfinden kann.«

Diesen berechtigten Wunsch bekräftigte Egon Bahr mehrmals: »Unsere Emanzipierung von Amerika wird selbstverständlich und unabweisbar.«

Bis zum heutigen Tage ist das ein frommer Wunsch geblieben. Die Abhängigkeit Westeuropas von den USA und die Selbstunterwerfung insbesondere unseres Landes unter die nationalen Interessen der USA haben in den vergangenen Jahren dramatisch zugenommen – insbesondere seit dem Krieg in der Ukraine, der Teil der geostrategischen Auseinandersetzung zur Neuordnung der Welt durch die USA ist. Es ist kein Konflikt Russlands mit der Ukraine oder Russlands mit Westeuropa, sondern ein Krieg der Amerikaner gegen die Russen, der stellvertretend von Westeuropa geführt werden darf. In Deutschland wird für die Freiheit gefroren, nicht in den USA. Sie sind der einzige Profiteur dieses politischen, militärischen und propagandistischen Gemetzels auf dem Kontinent. Europa ruiniert sich selbst. Offenkundig glauben unsere grünen Strategen, dass der ökonomische Suizid die wirksamste Waffe gegen die vermeintliche Abhängigkeit von russischem Erdgas ist.

»Die Sowjetunion hatte während des Kalten Krieges niemals auch nur den Versuch gemacht, die Abhängigkeit Deutschlands von russischen Gaslieferungen als Druckmittel auf die deutsche Politik zu nutzen«, betonte Klaus von Dohnanyi in seinem 2022 erschienenen Buch (»Nationale Interessen. Orientierung für deutsche und europäische Politik in Zeiten globaler Umbrüche«). Wie er die Gründe für diesen Konflikt eben auch eher bei den Amerikanern als bei den Russen sieht. Die Vorstellung, dass Russland »das Reich des Bösen« sei, habe sich »inzwischen in der öffentlichen Meinung der USA« tief verwurzelt. »Und das lag zuletzt weniger an Russland selbst als am Umgang der USA mit der Russischen Föderation seit 1990. Denn es waren die USA, die nach 1990 ohne wirklichen Grund die Konfrontation mit Russland fortsetzten.«

Pharisäer

*Sowohl die Entgrenzungsphantasien der Globalisten
als auch die Wagenburgmentalität der Nationalisten
gefährden die Sicherheit des Westens.*

Neue Zürcher Zeitung, 23. Oktober 2020

Fortsetzung: Das ist das eigentliche Wort des Jahres. Nicht nur des Jahres, sondern vielleicht des Jahrhunderts, welches mit dem Ende des Ersten Weltkriegs begann – mit den Revolutionen in Europa (von denen sich nur die russische behauptete) und dem 14-Punkte-Programm Woodrow Wilsons. Vielleicht war dessen Konzept die politische Reaktion der USA auf den Anlauf in Europa, die alten gesellschaftlichen Verhältnisse umzustürzen, nicht nur die Monarchien zu beseitigen, sondern in die tatsächliche Moderne aufzubrechen und die feudale Vergangenheit endlich und für immer hinter sich zu lassen? Und die USA, die ja aus gleichem Fleisch und Blut waren, hatten daran nur kein Interesse. Wollten diesen Aufbruch verhindern.

Beim Verhindern der Emanzipation Europas waren die USA bis 1989/90 erfolgreich. Durch Einbindung in Bündnisse, mittels ökonomischer Abhängigkeiten und Verpflichtungen; auch die geheimdienstliche Kontrolle gehörte dazu. Der Zusammenbruch des Ostblocks bot die Chance für einen neuen Anlauf Europas, sich aus dieser amerikanischen Abhängigkeit zu befreien.

Im Washingtoner Kapitol skizzierte im Februar 1990 der tschechoslowakische Präsident Václav Havel die Aussicht auf eine friedliche Perspektive und Selbstbestimmung des alten Kontinents. Befreit vom Zwangsdasein als »gespaltenes Waffenlager« der bipolaren Welt, »kann Europa jetzt wieder beginnen, seine eigene Identität zu suchen. Vielleicht schafft dies die Hoffnung, dass eure Jungs früher oder später nicht mehr Wache stehen müssen für die Freiheit, weil Europa schließlich doch noch fähig wird, sich selbst zu bewachen.«

Die über fünfhundert anwesenden Senatoren und Abgeordneten applaudierten. Den ironischen Hinweis auf »eure Jungs«, die sich trollen sollten, hatten sie nicht verstanden.

Das US-Magazin *Time* sah ebenfalls eine »Chance von historischer Größenordnung«.

Die Prognose wurde noch übertroffen durch den Ökonomie-Professor am *Massachusetts Institute of Technology*, Lester C. Thurow. Der meinte voller Euphorie: 380 Millionen im Durchschnitt gut ausgebildete Bürger in Westeuropa, ökonomisch verknüpft mit 300 Millionen Osteuropäern, die gleichfalls auf hohem Niveau ausgebildet sind: Ein solches Potential für die wirtschaftliche Entwicklung des Kontinents habe es seit dem Zusammenbruch des Römischen Reiches nicht mehr gegeben.

Von einer Verknüpfung westeuropäischen Knowhows mit den Ressourcen Osteuropas träumten Entspannungspolitiker seit Jahrzehnten schon und meinten nun, dass jetzt dafür die Stunde geschlagen habe.

Prof. Thurow prophezeite: Großbritannien habe das 19. Jahrhundert und die USA hätten das 20. Jahrhundert geprägt. »Zukünftige Historiker werden feststellen, dass das 21. Jahrhundert dem Europäischen Haus gehört hat.« (Die Anspielung auf Gorbatschows Idee vom »Europäischen Haus« war nicht zu überlesen.)

Dieses an die Wand gezeichnete Schreckgespenst von »Europe First« musste auch den letzten amerikanischen Nationalisten aufschrecken.

Nun, Historiker können schon jetzt feststellen, dass Thurow in seiner damaligen Prognose völlig falsch lag. Nicht nur, weil er China ignoriert, sondern weil er die Anstrengungen der USA und ihrer strategischen Strippenzieher unterschätzt hatte, eben genau dies zu verhindern: dass Europa im 21. Jahrhundert die Nase vorn hat.

Aber vielleicht liege auch ich falsch, indem ich Thurows Intentionen anders interpretiere, als sie in Wirklichkeit gedacht waren. Der 2016 verstorbene Wirtschaftswissenschaftler galt als Vordenker von Globalisierungsstrategien und beriet diesbezüglich mehrere US-Präsidenten. Vielleicht sollte das Buch seine Landsleute aufwecken, die Neocons in den USA befeuern?

In Europa dachte man jedenfalls anders.

2001, als der russische Präsident Putin eine Rede im Deutschen Bundestag hielt und dabei sehr weitreichende Vorschläge für eine enge Kooperation mit allen europäischen Staaten machte, bekam er freundlichen Beifall im Hohen Hause. Die meisten Bundestagsabgeordneten hielten eine solche Zusammenarbeit vor allem zwischen

Deutschland und Russland für sehr wichtig und perspektivisch. Es wurde wieder an die Klugheit des Reichskanzlers Otto von Bismarck erinnert, der Herstellung und Wahrung eines guten Verhältnisses zu Russland für eine wichtige Aufgabe der deutschen Außenpolitik gehalten hatte. »Nie gegen Russland!« soll er – einst preußischer Gesandter in St. Petersburg – noch auf dem Totenlager 1898 gesagt haben.

Da in Putins Russland inzwischen wieder der Kapitalismus herrschte und ein politisches System entstanden war, das viele Elemente des bürgerlich-demokratischen Parlamentarismus übernommen hatte, glaubten viele nicht nur in Berlin, dass die früheren politischen, ideologischen und sozialen Gegensätze nun der Vergangenheit angehörten. So schien die Spaltung Europas überwunden zu sein, denn man wurde sich im Westen wohl endlich der Tatsache bewusst, dass Europa nicht an der Oder und auch nicht an der polnischen Ostgrenze endete, sondern erst am Ural. Und jenseits des Urals ging es weiter bis zum Pazifik, denn auch Sibirien war Russland … Die Vision eines großen, zunehmend geeinten friedlichen Europas entstand, eines Wirtschaftsraumes von Lissabon bis Wladiwostok mit einer starken Wirtschaftsmacht von erheblichem weltpolitischen Gewicht und Einfluss.

Der große wirtschaftliche Brückenschlag zwischen West und Ost fand bekanntlich nicht statt. Und aktuell sieht es nicht so aus, als würde sich daran in absehbarer Zeit etwas ändern. Allerdings besitzt die Frage nach den Ursachen des Scheiterns – nämlich was größer war: der nationale Egoismus der Europäer oder der Herrschaftswille der Amerikaner – allenfalls rhetorischen Charakter. Entscheidend war der Keil, den die USA zwischen Westeuropa und Russland trieben. Die Unfähigkeit, vielleicht auch der Unwille der europäischen Staaten, sich vom Vormund USA zu emanzipieren, sich aus dessen Abhängigkeit zu lösen, ist zu offensichtlich. Aber eben auch Washingtons Geschick, Ambitionen in dieser Richtung schon im Ansatz erfolgreich zu unterbinden.

Der Nationalismus der europäischen Nationalstaaten spielt den USA in die Karten, ist aber nicht die eigentliche Ursache. Der Nationalismus ist allenfalls Folge und Ausdruck jenes imperialistischen Zugs zum Platz an der Sonne, der die großen Industriestaaten nach 1900 zur Neuaufteilung der Erde drängte. Der niederländische Historiker Johan Huizinga nannte 1943 den Nationalismus »die Sucht, dem eigenen Staat vor, über und auf Kosten von anderen Geltung zu verschaffen«. Eben »Deutschland, Deutschland über alles« …

Denn trotz internationaler Verflechtung und internationaler Arbeitsteilung, also der Globalisierung, bleibt am Ende doch die kapitalistische Konkurrenz. Und da die Staaten damals wie heute aufgrund verschiedener Umstände sich unterschiedlich entwickelten und entwickeln, setzten und setzen sie diese Stärke auch gegenüber anderen Staaten ein. Das Grundproblem ist also nicht nationaler Dünkel, sondern die ungleiche ökonomische Entwicklung von Staaten und das daraus resultierende (kapitalistische) Denken: Konkurrenten müssen geschwächt, kleingehalten oder ausgeschaltet werden, um sich selbst zu behaupten und/oder noch stärker zu machen, als man bereits ist.

An anderer Stelle zitierte ich bereits Egon Bahr mit der zutreffenden Aussage, dass Staaten keine Freunde haben, sondern nationale Interessen, die sie im Rahmen ihrer Möglichkeiten durchzusetzen versuchen. Große Staaten haben folglich große Interessen, kleinere Staaten sind bescheidener.

In der Stadt, in der ich mal Oberbürgermeister war, existierte bis zu deren Schließung nach der Wiedervereinigung eine Hochschule für Verkehr, sie war von der DDR gegründet worden und trug seit 1962 den Namen Friedrich List. (Damals wurde auch ein Platz nach ihm benannt, der bis dahin Bayrischer Platz geheißen hatte.) Der vielseitige Schwabe Friedrich List war einer der bedeutendsten Wirtschaftstheoretiker des 19. Jahrhunderts und warf Fragen der Nationalökonomie auf, deren Relevanz erst hundert Jahre nach ihm – er starb 1846 – erkannt wurde. Insbesondere in ostasiatischen Ländern wurden damals seine Überlegungen zur nachholenden Entwicklung sehr gründlich studiert und wirtschaftspolitisch angewandt. Erfolgreich, wie man es in Japan, Südkorea, China und anderen Staaten beobachten konnte. Japan ist nächst den USA und China die stärkste Volkswirtschaft der Welt.

Ein Problem aber hatte List nicht erkannt, konnte es auch nicht erkennen, denn zu seiner Zeit steckte der Kapitalismus noch in den Kinderschuhen, es gab keine Konzerne und Monopole. Erst seit der Jahrhundertwende drängte das Industrie- und Finanzkapital in etlichen europäischen Staaten auf die Beseitigung der nationalen Schranken und forderte volle Bewegungsfreiheit, grenzüberschreitende Beinfreiheit, Märkte und Produktionsanlagen. Ideologen und Politiker entwickelten die Idee der »Vereinigten Staaten von Europa«, um den Unternehmen bessere Möglichkeiten der Profitmaximierung zu verschaffen. Das aber war keine politische, sondern eine ökonomische Frage. Die zu beantworten man sich zwischen 1914 und 1918 und erneut zwischen 1939 und 1945 anschickte. Politisch. Denn Krieg, das wissen wir seit Carl von Clausewitz, ist eine bloße Fortsetzung der Politik mit anderen Mitteln.

Und genau das ist das Dilemma, weshalb die Vorstellung von einem vereinten Europa unter diesen gesellschaftlichen Bedingungen ein frommer Wunsch bleiben wird. Wie es eben ein Irrtum der Gründer der Europäischen Union war, dass die politische Verständigung primär sei, und wenn dieser Schritt erst einmal getan ist, würden die ökonomischen, finanziellen, verwaltungstechnischen und sozialen Fragen mehr oder weniger automatisch bewältigt werden, würden die Widersprüche, die aus den Unterschieden bei den nationalen Entwicklungsniveaus resultierten, sukzessive verschwinden. Es gab Kritiker, die auf die damit verbundenen Probleme hinwiesen. Politiker wie Konrad Adenauer und Charles de Gaulle oder Kohl und Mitterrand setzten sich jedoch in letzter Instanz durch. Eine Reihe nationaler Beschränkungen für Entwicklung und ökonomische Tätigkeit des Kapitals wurden dadurch beseitigt, es entstand auf diese Weise ein europäischer Wirtschaftsverbund mit zahlreichen Ver- flechtungen – der zumindest in der ersten Zeit wesentlich erfolgreicher war als das osteuropäische Gegenstück, der Rat für Gegenseitige Wirtschaftshilfe (RGW). In Ost- und Südosteuropa waren die nationalen Niveau-Unter- schiede und die Anmaßung der östlichen Führungsmacht noch größer.

Aber trotz des scheinbaren Funktionierens des west- europäischen Wirtschaftsverbundes wurden weder die nationalen und sozialen Widersprüche noch die ökono- mischen Gesetze des kapitalistischen Systems außer Kraft gesetzt. Die wirken weiter. Dadurch gerät das Gleichgewicht von Zeit zu Zeit aus der Balance – und es wird wieder hergestellt durch Krisen und Kriege oder finanziellen Druck …

Frank-Walter Steinmeier – damals Außenminister – sprach von einem »Krisenzyklus«. Und zwar am 19. März 2015 vor der Arbeitsgemeinschaft für Friedens- und Konfliktforschung in Berlin. »Mit der Ukraine-Krise ist die Frage von Krieg und Frieden auf unseren Kontinent zurückgekehrt«, konstatierte er. Obgleich doch kein Schuss auf der Krim gefallen war und die militärischen Auseinandersetzungen zwischen ukrainischen Separatis- ten und ukrainischen Streitkräften im Donbass, wenn- gleich nicht harmlos, aber nicht annähernd so mörde- risch waren wie heute. Zyklus, ein Kreislauf, die Wie- derkehr stets gleicher Erscheinungen – ein treffendes Wort, das Steinmeier benutzt hatte.

In der EU sind Staaten von sehr ungleicher ökono- mischer Leistungsfähigkeit und Wirtschaftskraft vereinigt, was für schwächere Länder schon enorme Probleme in den Handels- und Leistungsbilanzen schafft. Die Unterschiede und Gegensätze wachsen und verschärfen sich, sie waren noch niemals so groß wie gegenwärtig. Und damit fallen auch die nationalen Interessen auseinander. Aber die in der EU zusammengeschlossenen Länder sind auf Gedeih und Verderb aneinander gebunden – es sei denn, man zieht die Reißleine und steigt aus. Großbritannien setzte auf die anglo-amerikanische Allianz, die während des Krieges gegen Nazideutschland funktioniert hatte: USA statt Europa. Andere, kleinere Staaten haben diese historische Krücke nicht. Schon der Realpolitiker Bismarck wusste: Am Ende entscheidet die Geografie.

Der Verlust nationaler Souveränität begann 1987 mit der Annahme der »Einheitlichen Europäischen Akte«, ohne dass bis heute eine europäische Zentralregierung als Alternative zustandegekommen ist. Das föderale Prinzip der Bundesrepublik erinnert mitunter an die deutsche Kleinstaaterei vor Bismarck, die EU ist das Problem auf höherem Niveau.

Und dann die Krisen und die Zyklen.

Oder wie Steinmeier 2015 sagte und dabei den konservativen britischen Premier Cameron zitierte, der auf die Frage eines Journalisten, was denn ganz allgemein die größte Schwierigkeit für die Politik sei, geantwortet hatte: »Events, dear boy, events …«

In dieser ereignisreichen, krisengeschwängerten Zeit kam, mit Verlaub, der Krieg im Osten Europas wie gerufen. Die suggerierte (oder vielleicht tatsächliche) Bedrohung »von außen« drängte andere Events in den Hintergrund. Sie half unpopuläre Maßnahmen durchzusetzen, die Reihen zu schließen. Die »Bedrohung« stärkte nicht nur den fragilen Zusammenhalt, sondern sorgte dafür, dass bislang außenstehende Länder mit in die Wagenburg wollten – Finnland und Schweden wünschten, Mitglieder der NATO zu werden, wogegen sich die beiden Länder jahrzehntelang aus vernünftigen Gründen gewehrt hatten.

Und auch innenpolitisch rückte man zusammen. Der deutsche Kaiser kannte 1914 keine Parteien mehr, die deutschen Parteien boten 2022 auch keine Unterschiede mehr. Im Parlament im modisch aufgehübschten Bau aus der Kaiserzeit fanden die Vertreter der dort präsenten Parteien unterschiedslos die gleichen Worte der Verurteilung des offenkundigen Aggressors. Jeder Kritiker verfiel auch in der Folgezeit der Feme, der lediglich die Frage nach der Vorgeschichte des Überfalls stellte. Ob denn die Westen des Westens vielleicht doch nicht so unschuldig weiß seien wie behauptet?

Stattdessen erfolgte die Gleichsetzung des russischen Präsidenten – eben jenes Mannes, der an dieser Stelle eine Rede auf Deutsch gehalten und das Angebot eurasischer Zusammenarbeit gemacht hatte – mit dem deutschen Oberhalunken. »Ich habe den Befehl gegeben – und ich lasse jeden füsilieren, der auch nur ein Wort der Kritik äußert –, dass das Kriegsziel nicht im Erreichen von bestimmten Linien, sondern in der physischen Vernichtung des Gegners besteht«, hatte der deutsche Reichskanzler am 22. August 1939 auf dem Obersalzberg erklärt.

»Ich werde propagandistischen Anlass zur Auslösung des Krieges geben, gleichgültig, ob glaubhaft. Der Sieger wird später nicht danach gefragt, ob er die Wahrheit gesagt hat oder nicht. Bei Beginn und Führung des Krieges kommt es nicht auf das Recht an, sondern auf den Sieg.«

Das sagte Hitler vor fünfzig Militärs, die er in Zivil zu sich befohlen hatte – eine Woche, bevor er mit dem inszenierten Überfall auf den Sender Gleiwitz den propagandistischen Anlass für den Krieg gegen Polen liefern sollte. Des Beginns des großen Völkermords, dem neben vielen Millionen Europäern auch bis zu fünfzehn Millionen Russen zum Opfer fallen sollten.

Nicht einer der deutschen Generale und Admirale widersprach dem deutschen Kanzler. Vermutlich weil sie so dachten, wie er redete.

Da es also Mode geworden ist, Vergleiche herzustellen zu Personen und Vorgängen in der Vergangenheit tue ich es hier ebenfalls.

Die Angst vor den Russen, die allenthalben geschürt wird, mit der Einschränkungen begründet und exorbitante Rüstungsausgaben und Umweltverbrechen legitimiert werden, gleicht dem Stalinschen Narrativ einer äußeren Bedrohung. Bei Stalin hieß das gesetzmäßige Verschärfung des Klassenkampfes – sowohl im Innern des Landes wie auch vor den Landesgrenzen. Damit wurden die Parteisäuberungen und die Repression der Bevölkerung wie auch Präventivmaßnahmen begründet. Erinnert sei an die Okkupation der baltischen Republiken 1940 oder den Krieg gegen Finnland 1939/40.

So viel anders sind unsere Reflexe auch nicht.

»Wer unter euch ohne Sünde ist, werfe den ersten Stein«, heißt es im Johannes-Evangelium.

Ich bin nicht Mitglied einer Kirche, glaube aber dennoch an die Macht des Wortes und der Diplomatie.

Und an die Vernunft. Die da und dort durchdringt. So fand sich in der *Emma*, die nicht zu meiner regelmäßigen Lektüre gehört, ein bemerkenswertes Interview mit Erich Vad. Der ehemalige Brigadegeneral der Bundeswehr war von 2006 bis 2013 der militärpolitische Berater von Bundeskanzlerin Merkel. Er monierte in der Ausgabe von 12. Januar 2023, dass es »weitestgehend keinen fairen offenen Diskurs mehr zum Ukraine-Krieg« gebe. Ich widerspreche: Es hat ihn nie wirklich gegeben.

Ich stimme Vad aber bei seiner Antwort auf die Frage zu, was er im Februar 2022 dem Kanzler geraten hätte, sofern er von Scholz um einen Rat gebeten worden wäre. »Ich hätte ihm geraten, auf unseren wichtigsten politischen Verbündeten, die USA, einzuwirken. Denn der Schlüssel für eine Lösung des Krieges liegt in Washington und Moskau.«

Für bemerkenswert halte ich auch seinen Hinweis: »Russen und Ukrainer waren am Anfang des Krieges Ende März, Anfang April 2022 zu einer Friedensvereinbarung bereit. Daraus ist dann nichts geworden.«

Warum wohl nicht?

»Man kann die Russen weiter abnutzen, was wiederum Hunderttausende Tote bedeutet, aber auf beiden Seiten. Und es bedeutet die weitere Zerstörung der Ukraine. Was bleibt denn von diesem Land noch übrig?

Es wird dem Erdboden gleichgemacht.« Und Vad wiederholte: »Der Schlüssel für die Lösung des Konfliktes liegt nicht in Kiew, er liegt auch nicht in Berlin, Brüssel oder Paris, er liegt in Washington und Moskau. Es ist doch lächerlich zu sagen, die Ukraine müsse das entscheiden.«

Zu den Ursachen des grausamen Konflikts hatte der erfahrene Militär auch eine dezidierte Meinung, die ich als Zivilist teile. »Dieser Krieg war anfangs nur eine innenpolitische Auseinandersetzung der Ukraine. Die ging bereits 2014 los, zwischen den russischsprachigen ethnischen Gruppen und den Ukrainern selber. Es ist also ein Bürgerkrieg gewesen. Jetzt, nach dem Überfall Russlands, ist es ein zwischenstaatlicher Krieg zwischen Ukraine und Russland geworden. Es ist auch ein Kampf um die Unabhängigkeit der Ukraine und ihrer territorialen Integrität. Das ist alles richtig. Aber es ist nicht die ganze Wahrheit. Es ist eben auch ein Stellvertreter-Krieg zwischen den USA und Russland, und da geht es um ganz konkrete geopolitische Interessen in der Schwarzmeerregion. Die Schwarzmeerregion ist für die Russen und ihre Schwarzmeerflotte so wichtig wie die Karibik oder die Region um Panama für die USA. So wichtig wie das Südchinesische Meer und Taiwan für China. So wichtig wie die Schutzzone der Türkei, die sie völkerrechtswidrig gegenüber den Kurden etabliert haben. Vor diesem Hintergrund und aus strategischen Gründen können die Russen da auch nicht raus.«

Erich Vads Appell unterschreibe ich sofort: »Wir müssen unsere militärische Unterstützung so dosieren, dass wir nicht in einen Dritten Weltkrieg gleiten. Keiner von denen, die 1914 mit großer Begeisterung in den Krieg gezogen sind, war hinterher noch der Meinung, dass das richtig war. Wenn das Ziel eine unabhängige Ukraine ist, muss man sich perspektivisch auch die Frage stellen, wie eine europäische Ordnung unter Einbeziehung Russlands aussehen soll? Russland wird ja nicht einfach von der Landkarte verschwinden.«

Und der Ex-General verlangte das Endes des »sinnfreien Aktionismus in der deutschen Politik [...]. Sonst wachen wir eines Morgens auf und sind mittendrin im Dritten Weltkrieg.«

General a. D. Harald Kujat, einst Generalinspekteur der Bundeswehr und Vorsitzender des NATO-Militärausschusses, argumentiert im gleichen Sinne. Bereits am 1. Mai 2022 hatte er gemeinsam mit dem Pianisten Justus Frantz, dem Pädagogen Bruno Redeker und Horst Teltschik ein Memorandum mit der gleichen Botschaft verfasst: »Wir appellieren an die Vernunft, das Leiden der Ukrainer und die Zerstörung des Landes zu beenden und die Ausweitung des Krieges in der Ukraine zu einem europäischen Krieg zu verhindern. Die Hauptakteure in diesem Krieg sind nicht die Ukraine und Russland, sondern Russland und die Vereinigten Staaten. Die Vereinigten Staaten haben den Schwerpunkt ihrer Strategie geändert: Center of Gravity ist nicht mehr Schutz und Beistand der Ukraine in ihrem Abwehrkampf gegen den völkerrechtswidrigen Angriff Russlands, sondern Russland als geopolitischen Rivalen nachhaltig zu schwächen.«

Diktator

*Wer politische oder auch militärische Konflikte
lösen will, muss sich in die Lage des anderen
versetzen können, was nicht heißt,
dessen Intentionen und Ziele zu teilen.
Aber ein Perspektivwechsel ist hilfreich,
um Frieden zu stiften.*

Als ich Oberbürgermeister von Dresden war, saß in der
Angelikastraße 4 der KGB. In der Dienststelle des sowjetischen Nachrichtendienstes, nur wenige Meter entfernt von der Bezirksverwaltung des MfS in der Bautzner
Straße, arbeitete ein gewisser Wladimir W. Putin. Der
Hauptmann war im August 1985 nach Dresden ab-
kommandiert worden, ich wurde im Januar 1986 Stadtoberhaupt. Über die viereinhalb Jahre in Dresden, in
denen er es bis zum Oberstleutnant brachte, sagte Putin,
es seien seine schönsten gewesen. Mir ging es ähnlich.

Was Putin konkret in Dresden gemacht hat, weiß ich
nicht. Ich konnte ihn auch nicht fragen – wir sind uns
offiziell nie begegnet. Und wenn, dann allenfalls un-
bewusst bei Anlässen, an denen die Waffenbrüder in
Uniform und in Zivil teilnahmen. Auch später, wenn ich
gelegentlich geschäftlich in Moskau zu tun hatte, liefen
wir uns nicht vor die Füße. Meine signierten Bücher
gelangten nur über die Mitarbeiter auf seinen Schreibtisch, sein Dank an mich nahm den gleichen Weg.

Das Wenige, was ich über ihn und über die Zeit in Dresden weiß, habe ich aus den Medien oder hörte es von Dritten. Und wir wissen, dass man nicht alles glauben darf, was gedruckt oder erzählt wird. Lebende Zeitzeugen sind für die Erinnerung und die Vermittlung von Geschichte unerhört wichtig, wie jeder nicht nur aus der Schule weiß. *Oral History* gilt allerdings der Wissenschaft als Problem – der Zeitzeuge ist der größte Feind des Historikers, behauptet mancher Zunftkollege. Ich mag da kaum widersprechen, wenn ich beispielsweise Opfer der SED-Diktatur höre. Sie berichten oft nicht von dem, *was* sie erlebt haben, sondern woran sie meinen sich zu erinnern. Das ist eine Mischung aus Eigenem, Gehörtem, Gesehenem, Gefühltem. Zeitzeugen erzählen bruchstückhaft, verzetteln sich in Details, im zunehmenden Alter werden Dinge hinzugedichtet, auch weil Erinnerungsfetzen verblassen oder verwechselt und durcheinandergebracht werden. Zudem: Die Erwartungshaltung des Publikums darf nicht ignoriert werden! Hebt man fragend den Zeigefinger: Moment mal … – bekommt man wie damals von unseren geschätzten Parteiveteranen von den in die Jahre gekommenen »SED-Opfern« zu hören: »Ich habe recht, schließlich habe ich die Zeit erlebt.«

Mit Rechthaberei kann ich persönlich leben. Allerdings war und ist sie nicht ungefährlich: Zeitzeugen reklamieren Deutungshoheit. Die geht mitunter so weit, dass Zeitzeugen juristisch selbst gegen wissenschaftliche Publikationen vorgehen, weil sie sich oder bestimmte Vorgänge, an denen sie beteiligt gewesen sind, »falsch« dargestellt sehen oder weil sie sich und ihre Bedeutung durch Historiker nicht angemessen gewürdigt sehen. Verglichen damit ist die Vorhaltung, man sei ein Geschichtsrevisionist oder Verharmloser, wenn man widerspricht, geradezu erträglich. Sie gehört mit zur öffentlichen Auseinandersetzung um ein differenziertes Geschichtsbild, d. h. um die Annäherung an die historische Wahrheit. Denn diese ist weder absolut noch aus einer einzigen Perspektive zu bekommen. Und objektiv ist sie auch kaum. Es gibt gewisse Prämissen und Narrative, die die Politik absichtsvoll setzt. Und auch dort gilt: In der Politik geht es nicht darum, recht zu haben, sondern recht zu behalten, wie Konrad Adenauer einst meinte.

Putin ist ein Irrer, ein Massenmörder, ein Kriegsverbrecher. »He's a killer«, erklärte US-Präsident Biden im März 2021 in einem TV-Interview, ein Jahr später »He's a butcher«, ein »Schlächter«. (Bemerkenswert: Obgleich diese Sequenz von einem Treffen mit ukrainischen Zeit- und Augenzeugen in Warschau global im Internet verbreitet wurde, ist sie heute, obgleich unverändert im Netz angezeigt, nirgendwo verfügbar, also zu sehen. Das hängt möglicherweise mit einer Intervention Washingtons zusammen, denn Biden hatte in Warschau auch gesagt: »Um Gottes willen, dieser Mann kann nicht an der Macht bleiben.« Das Weiße Haus ruderte wenig später diplomatisch zurück: Der Präsident habe mit seiner Äußerung natürlich nicht direkt zum Sturz Putins aufgerufen …)

Auf diese Lesart, auf dieses Putin-Bild haben wir uns festgelegt. Gegenteilige Zuschreibungen wie die des

»lupenreinen Demokraten« unterliegen der Verhöhnung oder der Verachtung. Und wer als »Putin-Versteher« denunziert wird, wird anschließend medial gelyncht. Darum vermute ich, dass die westdeutsch geprägte und geführte AfD nicht aus Sympathie für das russische Volk auf die Straße geht, sondern auch hier ihre eigene »Opfer-Rolle« bedient. Wer Pro-Putin protestiert, kann mit kollektiver Ausgrenzung in Deutschland rechnen.

Um es klar zu sagen: Ich lehne die eine wie die andere Haltung ab, beide sind verlogen und heuchlerisch. Ich bin als ostdeutscher Geschäftsmann und ehemaliger Politiker für pragmatischen Realismus, und der folgt keiner Ideologie. Ich habe etwas gegen »gefühlte Geschichte«, wie ich auch Urteile über Personen nicht von aktuellen Stimmungen abhängig mache, wie es heute in Parteizentralen und Redaktionsstuben Brauch ist.

Putin hätte gewiss gut daran getan, sich 2012 nicht wieder zum Präsidenten wählen zu lassen. In den beiden Amtsperioden davor hat er den russischen Staat, den sein Vorgänger Jelzin und dessen Administration ruiniert und international blamiert hatten, einigermaßen sortiert und neu aufgestellt. Vor allem gewann das russische Volk seine nationale Würde zurück. Dafür dankte es ihm. Wenn Wladimir W. Putin damals gegangen wäre, würde man ihm heute nicht nur in Russland Denkmale errichten.

Doch er blieb und demontierte sich wahrscheinlich damit selbst. Vieles, was er heute macht, verstehe ich auch nicht. Und vermutlich geht es inzwischen immer mehr Russen ebenso.

Um dies zu ergründen, habe ich Putin interviewt. Man muss wissen, was und wie jemand denkt, um darauf reagieren zu können. Ich habe nicht wirklich mit ihm gesprochen, denn, wie gesagt, wir sind uns nie begegnet. Doch die Fragen, die ich ihm stellen würde, bewegen mich tatsächlich. Und die Auskünfte, die er gibt, sind auch wirklich die seinen. Es ist O-Ton Wladimir W. Putin. Diese Aussagen sind dokumentiert, ich habe sie hier montiert.

Wladimir Wladimirowitsch, es heißt, Sie hassten den Westen. Die einen sagen: aus Prinzip, die anderen: aus Blödheit. Warum sehen Sie den Westen so kritisch?

Das schöpferische Potential des Westens ist aufgebraucht, weshalb er versucht, die freie Entwicklung anderer Zivilisationen zu zügeln und möglichst zu blockieren. Das hat natürlich auch seine unmittelbar geschäftliche Dimension: Indem der Westen allen seine Werte, seine Konsumgewohnheiten aufzwingt, indem er alles vereinheitlicht, versuchen unsere Opponenten – wenn ich sie mal zurückhaltend so bezeichnen darf –, ihre eigenen Absatzmärkte zu erweitern. Es ist kein Zufall, dass der Westen genau seine eigene Weltanschauung und Kultur für universell hält.

Das ist bekannt: Der Westen hält sich für das Maß aller Dinge, ist verblendet, da werde ich nicht widersprechen.

Ich will an dieser Stelle ein Zitat aus der berühmten Harvard-Rede von Alexander Solschenizyn aus dem Jahre 1978 anführen. Er hat damals gesagt, für den

Westen sei die »fortwährende Verblendung der Überlegenheit« kennzeichnend, die »die Vorstellung unterstützt, dass alle wesentlichen Gemeinschaften auf unserem Planeten sich nach den heutigen westlichen Vorstellungen entwickeln oder zu ihnen hinstreben müssten«.

Das hat er 1978 gesagt. Hat sich seitdem irgendetwas geändert?

Nein, es hat sich nichts geändert. Stärker denn je glaubt der Westen, moralisch dem Rest der Welt überlegen zu sein.

In den seither vergangenen fast fünfzig Jahren hat diese Verblendung, von der Solschenizyn gesprochen hat – und sie ist ihrem Wesen nach offen rassistisch und neokolonial –, absolut widerliche Formen angenommen. Dabei ist die Überzeugung von der eigenen Unfehlbarkeit ein sehr gefährlicher Zustand: Von ihr ist es nur ein kleiner Schritt bis zum Streben der »Unfehlbaren« und »Auserwählten«, alles zu vernichten, was ihnen nicht passt. Oder, wie sie es auszudrücken belieben, es »abzuschaffen«.

Sie, Wladimir Wladimirowitsch, verstehen mit »abschaffen« beispielsweise die Vernichtung von Russland? Aber war der Kalte Krieg nicht vom gleichen Bestreben diktiert, den jeweils anderen »abzuschaffen«, ihn als Gegner zu liquidieren?

Nicht einmal auf dem Höhepunkt des Kalten Krieges, als sich die Systeme auf Leben und Tod gegenüberstanden, fiel es irgendjemandem ein, der Kultur, Kunst und Wissenschaft anderer Völker oder auch des eigenen Gegners das Existenzrecht abzusprechen. Ja, es gab bestimmte Einschränkungen für Verbindungen auf den Gebieten Bildung und Wissenschaft, Kultur und leider auch Sport. Aber man studierte den Konkurrenten und achtete ihn damit implizit auch. Für die Zukunft sollten Grundlagen für gesunde und fruchtbringende Beziehungen gewahrt bleiben.

Und was haben wir heute?

Die Nazis haben Bücher verbrannt, und heute maßen sich die westlichen »Vertreter von Liberalismus und Fortschritt« an, Dostojewski und Tschaikowski zu verbieten. Die sogenannte Cancel Culture, die Kultur des Ausschlusses, ist in Wahrheit der Ausschluss der Kultur. Sie versucht, alles Lebendige und Kreative auszulöschen, sie versucht, das freie Denken kleinzuhalten, und macht vor keinem Gebiet halt: weder der Wirtschaft noch der Politik oder der Kultur.

Sie haben recht: Die Bücher russischer Autoren aus westeuropäischen Bibliotheksregalen zu entfernen, russische Komponisten nicht zu spielen oder russische Künstler nicht mehr auftreten zu lassen, nur weil sie sich nicht ausreichend von Ihnen distanzierten, ist mehr als kulturlos. Es ist einfach blöd. Aber die Organisation Memorial, die sich u. a. um die Aufarbeitung von während der Stalin-Zeit begangenen Verbrechen bemüht, in Russland zu verbieten, war auch nicht sonderlich intelligent. Ich will jetzt die eine Dämlichkeit nicht gegen die andere aufrechnen.

Wir sind an dem absurden Punkt angelangt, dass jeder alternative Denkansatz als Umsturzpropaganda und Bedrohung für die Demokratie dargestellt wird. Das ist heute die Denkweise unserer westlichen Gegner. Was ist das, wenn nicht die westliche Cancel Culture?

Moment, die Sache mit der Umsturzpropaganda …
Memorial wurde vorgeworfen, es verfälsche die Geschichte, indem es die nazistischen Verbrecher reinwasche und die Sowjetunion als »terroristischen Staat« verunglimpfe. Mit dem gleichen Vorwurf, nämlich der Verfälschung der sowjetischen Geschichte, hat Honecker den Vertrieb des »Sputnik«, des sowjetischen Digest, 1987 in der DDR ein-stellen lassen. – Ich will die Sache nicht vertiefen, nur ver-suchen herauszubekommen, wie Sie den Westen sehen und was er Ihrer Auffassung nach falsch macht.

Das westliche Modell der Globalisierung beruht ge-nau auf Vereinheitlichung von oben, auf finanziellen und technischen Monopolen, auf der Verwischung aller Unterschiede, egal welchen Inhalts. Das ist ein im Kern neokoloniales Modell. Der Zweck war natürlich nur allzu klar: es ging darum, die unwidersprochene Vor-herrschaft des Westens in der Weltwirtschaft und glo-balen Politik aufrechtzuerhalten und sich selbst die natürlichen und finanziellen, die geistigen und perso-nellen Ressourcen des ganzen Planeten zu unterwerfen.

Kein Widerspruch, das ist inzwischen Gemeingut.
Aber kaum begannen auch andere Akteure, Vorteile aus der Globalisierung zu ziehen – vor allem die großen

Staaten Asiens –, da sagte der Westen »Kommando zurück« und änderte wesentliche Regeln, die er zuvor selbst aufgestellt hatte. Vergessen waren die geheiligten Prinzipien des freien Handels, der wirtschaftlichen Öffnung, des gleichberechtigten Wettbewerbs, sogar das Eigentumsrecht geriet in Vergessenheit.

Wenn es zu ihrem Vorteil gereicht, ändern diese Leute ihre eigenen Prinzipien von heute auf morgen.

Hm, da kenne ich in Deutschland etliche Leute.

Die westlichen Ideologen und Politiker haben der Welt viele Jahre lang gepredigt, es gebe keine Alternative zur Demokratie. Aber sie meinten damit einzig ihre, die westliche, liberale Demokratie. Alle sonstigen Formen der Volksherrschaft haben sie mindestens verachtet. Auch das kennen wir schon seit der Kolonialzeit: Alle – außer sich selbst – hielten die Herrenvölker für zweitrangig, sich selbst aber für etwas Besonderes. Das geht seit Jahrhunderten so, bis heute. Nur, dass heute die überwältigende Mehrheit der Weltgemeinschaft Demokratie und Gleichberechtigung auch in internationalen Angelegenheiten verlangt und autoritäre Diktate einzelner Staaten oder Staatengruppen zurückweist.

Die Russen sind es eigentlich seit Jahrhundert gewohnt, vom Westen als Außenseiter, mitunter als Parias behandelt zu werden. Sie lassen sich das jetzt nicht mehr gefallen, höre ich da bei Ihnen heraus.

Der Westen nennt das eine Untergrabung der liberalen Weltordnung, die auf Regeln gestützt sei, er setzt

Wirtschafts- und Handelskriege in Gang, Sanktionen, Boykotts, bunte Revolutionen und allerlei Staatsstreiche. Einer dieser Staatsstreiche hat 2014 in der Ukraine zu tragischen Folgen geführt. Sie haben ihn unterstützt und sich sogar gerühmt, wieviel Geld sie dafür ausgegeben haben. Sie sind unverschämt geworden. Den iranischen General Kassem Soleimani haben sie anvisiert und umgebracht. Wie auch immer man zu Soleimanis Person steht – er war doch eine offizielle Person eines anderen Staates! Sie haben ihn auf dem Territorium eines Drittlandes ermordet und ihre Täterschaft nicht einmal verheimlicht. Ja, wo leben wir denn?

Das ist der Bankrott des neoliberalen Modells der Weltordnung à la USA. Sie können nichts Positives mehr aufbauen, sie haben der Welt nichts mehr anzubieten außer der Fortdauer ihrer Vorherrschaft.

Und, was wäre die Alternative?

Ich bin davon überzeugt, dass wirkliche Demokratie in einer multipolaren Welt vor allem voraussetzt, dass jedes Volk – nochmals: jedes Volk, jede Gesellschaft, jede Zivilisation – das Recht hat, den eigenen Weg zu wählen, das eigene sozioökonomische System. Wenn die USA oder die Staaten der EU dieses Recht haben, dann steht es auch den Ländern Asiens, den islamischen Staaten, den Monarchien des Persischen Golfs und allen anderen Staaten zu. Und natürlich auch uns, Russland, und niemand wird uns diktieren, nach welchen Prinzipien wir unsere Gesellschaft aufzubauen haben.

Ich weiß, dass in Russland Traditionen ganz wichtig sind, wichtiger als bei uns in Deutschland. Manche Tradition, etwa dieser Hang zum Militärischen oder der zur Religion, wirkt auf mich, nun ja, ein wenig antiquiert, unpassend fürs 21. Jahrhundert.

Traditionelle Werte sind nicht irgendein fixierter Kanon von Forderungen, an die sich alle zu halten haben. Sie unterscheiden sich von den sogenannten neoliberalen Werten genau dadurch, dass jede dieser Wertordnungen einzigartig ist, weil sie sich aus den Traditionen einer konkreten Gesellschaft heraus entwickelt hat, aus ihren Kulturen und historischen Erfahrungen. Deshalb wäre es völlig falsch, die einen traditionellen Werte über die anderen zu stellen. Man muss sie einfach gegenseitig respektieren, weil sie über Jahrhunderte von den einzelnen Nationen so gewählt worden sind.

Wenn die westlichen Eliten glauben, ihren eigenen Völkern und Gesellschaften in meinen Augen seltsame neumodische Tendenzen wie die Existenz von Dutzenden von Gendern und Gayparaden einimpfen zu müssen – sollen sie es tun. Aber sie haben kein Recht darauf, von anderen zu verlangen, dass sie diesen Weg ebenfalls einschlagen.

Die Welt ist ihrer Natur nach vielfältig, und alle Versuche des Westens, alle über einen Kamm zu scheren, sind zum Scheitern verurteilt.

Okay, ich sehe, Herr Präsident, Sie sind kein Freund von Schwulenparaden. Da sind Sie gewiss nicht der Einzige auf der Welt.

Russland ist eine selbstständige und eigenständige Zivilisation, es hat sich nie als Feind des Westens definiert und tut dies auch heute nicht. Amerikanophobie, Anglophobie, Frankophobie oder Germanophobie sind genau solche Formen des Rassismus wie Russophobie und Antisemitismus.

Aber wir müssen uns klarmachen, dass es zwei Gestalten des Westens gibt, mindestens zwei. Den Westen der traditionellen, überwiegend christlichen, inzwischen aber wegen der zahlreichen islamischen Immigranten auch muslimischen Werte, der Freiheit, des Patriotismus, einer überreichen Kultur. Dieser Westen steht uns in vielem nahe, auch wegen unserer gemeinsamen Wurzeln in der Antike.

Auf der anderen Seite gibt es einen weiteren Westen, den aggressiven, kosmopolitischen und neokolonialen, der als Werkzeug der neoliberalen Eliten auftritt. Mit dem Diktat dieses zweiten Westens wird sich Russland niemals abfinden.

Könnte es nicht sein, dass man im Westen Russland die gleiche Aggressivität unterstellt, wie Sie dem »zweiten Westen« vorhalten? Ich verweise auf den Tschetschenienkrieg 1999/2000, auf den Kaukasuskrieg 2008, als es gegen Georgien und um Südossetien und Abchasien ging. Nicht zu reden über die »Spezialoperation« in der Ukraine, die faktisch seit 2014 läuft.

Als ich 2000 zum Präsidenten gewählt wurde, war ich damit konfrontiert, welchen Preis wir für die schließlich gelungene Vernichtung des Terrornests im

Nordkaukasus zu zahlen hatten – eines Terrornests, das der Westen damals fast schon offen unterstützte. Als wir dann die Lage stabilisiert hatten, haben wir beschlossen, nicht zurückzublicken, nicht den Beleidigten zu spielen, sondern auf unsere Partner auch unter denen zuzugehen, die zuvor offen gegen uns gearbeitet hatten. Wir waren entschlossen, mit allen, die dazu bereit waren, Arbeitsbeziehungen auf der Grundlage gegenseitigen Vorteils und gegenseitiger Achtung aufzubauen.

Unsere Botschaft war damals: Hören wir auf, einander als Feinde zu betrachten, leben wir in guter Nachbarschaft oder sogar Freundschaft, reden wir miteinander, stärken wir das Vertrauen und damit auch den Frieden.

Uns war klar, wie schwierig diese Annäherung sein würde, aber wir haben es versucht.

Sie meinen die Annäherung an den Westen? 2001 waren Sie u. a. in Berlin. Ihre Rede im Bundestag am 25. September kann noch immer im Internet nachgelesen werden. Sie begannen damals so: »Es ist das erste Mal in der Geschichte der deutsch-russischen Beziehungen, dass ein russisches Staatsoberhaupt in diesem Hohen Hause auftritt. Diese Ehre, die mir heute zuteil geworden ist, bestätigt das Interesse Russlands und Deutschlands am gegenseitigen Dialog. Ich bin gerührt, dass ich über die deutsch-russischen Beziehungen sprechen kann, über die Entwicklung meines Landes sowie des vereinigten Europa und über die Probleme der internationalen Sicherheit – gerade hier in Berlin, in einer Stadt mit einem so kom-

plizierten Schicksal.« Und Sie erklärten: »Russland hegte gegenüber Deutschland immer besondere Gefühle. Wir haben Ihr Land immer als ein bedeutendes Zentrum der europäischen und der Weltkultur behandelt, für deren Entwicklung auch Russland viel geleistet hat. Kultur hat nie Grenzen gekannt. Kultur war immer unser gemeinsames Gut und hat die Völker verbunden.«

Und was haben wir dafür bekommen? Ein »Nein« auf allen wesentlichen Feldern der eventuellen Zusammenarbeit. Der Druck auf uns wuchs ständig an, und es wurden Spannungsherde entlang unserer Grenzen geschaffen. Mit welchem Ziel wohl? Natürlich ging es darum, Russland abhängiger und beeinflussbarer zu machen. Russland sollte zum Instrument für die Erreichung der eigenen geopolitischen Ziele des Westens gemacht werden.

Russland fordert den Westen und seine Eliten nicht heraus. Russland besteht einfach auf seinem Recht, zu existieren und sich eigenständig zu entwickeln. Dabei streben wir nicht an, selbst ein Hegemon zu werden. Russland schlägt nicht vor, die Monopolarität durch eine Bi- oder Tripolarität zu ersetzen und die Vorherrschaft des Westens durch die Dominanz Asiens, des Nordens oder des Südens zu ersetzen. Das würde nur in neue Sackgassen führen. Vor allem sind wir der Meinung, dass die neue Weltordnung auf dem Gesetz und dem Recht aller Staaten beruhen muss, sich frei, selbstständig und gerecht zu entwickeln.

Die Vorhaltung im Westen besteht darin, dass Russland sich oft als Opfer sieht, sich rasch beleidigt fühlt, sich zurückzieht. Ich verstehe die erhöhte Sensibilität: Sowjetrussland musste sich wiederholt ausländischer Intervenen erwehren, Deutsche, Briten, Franzosen, Amerikaner und Japaner fielen ins Land ein. Und Versuche Moskaus, prophylaktisch Systeme kollektiver Sicherheit zu schaffen, scheiterten meist an der Arroganz des Westens, nicht am guten Willen Moskaus. Einmal nur kam ein solches System zustande: die Konferenz für Sicherheit und Zusammenarbeit in Europa in den siebziger Jahren, auf dem Höhepunkt der Entspannungspolitik. Das ist Geschichte. Meinen Sie nicht, dass Sie zu sehr auf den »russischen Nabel« schauen – während die Amerikaner »America First« rufen?

Souveränität und selbstständige Entwicklung bedeuten weder Isolation noch Autarkie. Im Gegenteil setzen sie eine aktive Zusammenarbeit zum gegenseitigen Vorteil voraus, aber zu gerechten und gleichberechtigten Bedingungen. Wenn die liberale Globalisierung die Entindividualisierung bedeutet, das Aufdrängen des westlichen Modells für die ganze restliche Welt, dann bedeutet im Gegenteil die Politik, die wir vorschlagen, die Erschließung des Potentials jeder Zivilisation im Interesse des Ganzen und des gemeinsamen Vorteils.

Die Einheit der Menschheit entsteht nicht durch Vorschriften wie »Mach es so« oder »Sei wie wir«. Sie bildet sich heraus unter Berücksichtigung der Meinungen aller Beteiligten und bei Wertschätzung der Identität jeder einzelnen Gesellschaft, jedes Volkes. Ich möchte daran erinnern, dass die westliche Zivilisation nicht die einzige in unserem gemeinsamen euroasiatischen Raum ist. Mehr noch, die Mehrheit der Bevölkerung Eurasiens lebt in dessen Osten – dort, wo die ältesten Zivilisationen der Menschheit entstanden sind.

Sie haben einmal den Untergang der Sowjetunion als die »größte geopolitische Katastrophe des 20. Jahrhunderts« bezeichnet, was im Westen als Ankündigung gedeutet wurde, dass Sie die einstige Großmacht rekonstruieren wollten. Immerhin seien damals vierzig Prozent des Territoriums des größten Landes der Erde verlorengegangen. »Das, was wir uns in 1000 Jahren erarbeitet haben, war zu einem bedeutenden Teil verloren«, konstatierten Sie dreißig Jahre nach dem Untergang.

Der Zerfall der Sowjetunion hat auch das Gleichgewicht der Geopolitik zerstört. Der Westen fühlte sich als Sieger und verkündete die unipolare Weltordnung, in der einzig sein Willen, seine Kultur und seine Interessen eine Existenzberechtigung hätten. Heute geht diese historische Periode grenzenloser Dominanz des Westens in der Weltpolitik zu Ende und mit ihm die unipolare Welt.

Wir stehen an einem historischen Scheideweg: Vor uns liegt wahrscheinlich das gefährlichste, am wenigsten vorhersehbare und gleichzeitig wichtigste Jahrzehnt seit dem Ende des Zweiten Weltkriegs. Der Westen ist unfähig, die Menschheit allein zu leiten, obwohl er es verzweifelt versucht. Aber die Mehrheit der Völker der Welt will diese Vorherrschaft schon nicht mehr hinnehmen. Das ist der Hauptwiderspruch unserer Epoche. Wie der Klassiker Lenin sagte: die Situation ist in gewissem Maße revolutionär: Die Oberen können und die Unteren wollen nicht mehr so leben wie bisher.

Diese Lage der Dinge birgt eine ganze Kette globaler Konflikte, und das bedroht die gesamte Menschheit, auch deren westlichen Teil. Mit diesem Widerspruch konstruktiv umzugehen – das ist die historische Hauptaufgabe von heute.

Putins Auskünfte sind der Übersetzung seiner mündlichen Ausführungen auf der Waldai-Konferenz am 27. Oktober 2022 wörtlich und unredigiert entnommen. Das war die jährliche Zusammenkunft von Journalisten, Politikern, Experten/Wissenschaftlern und Personen des öffentlichen Lebens aus Russland und anderen Ländern, die der internationale Diskussionsklub »Waldai« seit 2004 veranstaltet – benannt nach dem Höhenzug Waldai, auf dem die Stadt Weliki Nowgorod liegt, dreihundert Kilometer nordwestlich von Moskau. 2022 lautete das Thema des XIX. Waldai-Treffens: »Eine posthegemoniale Welt: Gerechtigkeit und Sicherheit für alle«. Die Konferenz zählte mehr als 110 Teilnehmer aus 41 Ländern, darunter auch den russischen Staatschef.

Weder dort noch an anderer Stelle hat Putin den Verdacht erzeugt, er wolle zum Sozialismus und zur Sowjetunion zurückkehren. Das Bekenntnis zu den Veteranen des Großen Vaterländischen Krieges, die Wiederkehr der einstigen sowjetischen Nationalhymne und ähnliche Gesten sind keine politischen Bekenntnisse, sondern bedienen die positive Haltung vieler Millionen Russen zur Sowjetunion. Die Frontstellung zu den USA aber macht Russland objektiv zum strategischen Verbündeten der Volksrepublik China, der zweitstärksten Wirtschaftsmacht, die sich ebenfalls von den USA bedrängt sieht.

Die Russische Föderation unterscheidet sich von China in einem wesentlichen Punkt: Die Führung des Staates liegt nicht bei einer kollektiv handelnden, ideologisch gefestigten Partei, sondern in den Händen eines Mannes, der sich auf eine Elite aus Sicherheitsdiensten und Armee stützt. Die weltanschaulichen und machtpolitischen Schwächen dieses Systems können nach meiner Überzeugung auf Dauer kaum militärisch kompensiert werden. Das System Putin ist sehr fragil, der Ukraine-Krieg stabilisiert es keineswegs.

Aber Wladimir Putin ist nicht der irre, unberechenbare Potentat, als der er in unseren Medien dargestellt wird. Auch wenn manches einem Westeuropäer unverständlich erscheint, so ist die innere Logik nicht zu übersehen.

Am 21. Februar 2021 erklärte Putin seine Enttäuschung im russischen Fernsehen über die Entwicklung und die Haltung des Westens. »Im Jahr 2000, als der scheidende US-Präsident Bill Clinton Moskau besuchte, fragte ich ihn: ›Was würde Amerika davon halten, Russland in die NATO aufzunehmen?‹ Ich werde nicht alle Einzelheiten dieses Gesprächs preisgeben, aber die Reaktion auf meine Frage sah nach außen hin, sagen wir, sehr zurückhaltend aus, und wie die Amerikaner tatsächlich auf diese Möglichkeit reagierten, sieht man an ihren praktischen Schritten gegenüber unserem Land. Dazu gehören die offene Unterstützung von Terroristen im Nordkaukasus, eine ablehnende Haltung gegenüber unseren Forderungen und Sicherheitsbedenken im Bereich der NATO-Erweiterung, der Ausstieg aus dem ABM-Vertrag und so weiter. Da fragt man sich: Warum, wozu das alles?

Gut, sie wollen uns nicht als Freund und Verbündeten sehen, aber warum sollten sie einen Feind aus uns machen?

Es liegt nicht an unserem politischen Regime und nicht an irgendetwas anderem. Sie können ganz einfach ein so großes, unabhängiges Land wie Russland nicht gebrauchen. Das ist die Antwort auf alle Fragen. Das ist der Ursprung der traditionellen amerikanischen Russland-Politik. Daher auch die Einstellung zu allen unseren Sicherheitsvorschlägen.«

Massenverblödung

*Noch niemals war Europas größte Nachkriegsleistung,
die Wirtschaftsgemeinschaft, so sehr in ihren Grundfesten
bedroht wie jetzt. Bundesminister für Ernährung, Land-
witschaft und Forsten Josef Ertl (FDP): »Es kann sein,
dass der ganze Laden noch in die Luft fliegt.«*

Der Spiegel 20/1974,
in: »Nach Brandts Sturz: ›Europa – eine Wüste‹«

Eingangs habe ich Gottfried Benn zitiert, den ostdeutschen Pastorensohn, Arzt und Dichter, weil ihn der
Hamburger Klaus von Dohnanyi als Stichwortgeber
benutzte für sein Buch »Nationale Interessen. Orientierung für deutsche und europäische Politik in Zeiten
globaler Umbrüche«. Darin hatte er Zweifel an der Beständigkeit, gar Existenz von Wertegemeinschaften und
Freundschaften zwischen Staaten artikuliert. Ich teile
seine Zweifel, wie ich auch Dohnanyis Forderung nach
einer grundsätzlichen Kurskorrektur der deutschen
Politik unterstütze: Wir müssen uns aus der amerikanischen Abhängigkeit befreien. In diese hat uns zunächst
die Nazidiktatur mit ihrem verbrecherischen Krieg geführt, der die militärische Besetzung des Landes (und
der daraus resultierenden Teilung) unausweichlich
machte. Aber nachdem die Teilung Europas 1990 überwunden war, endete die vermeintliche Alternativlosig-
keit. Denn die Nachkriegsziele der USA und der von

ihr geführten NATO hatten sich definitiv erledigt: »Keep the Russians out, the Americans in and the Germans down.«

Die Russen zogen 1994 ab, die Amerikaner hatten mit der NATO ihr Bein in der deutschen Tür und in Büchel Nuklearwaffen sowie Westeuropa mit Erdgas und anderen Zulieferungen an der Kette. Vielleicht hat auch noch Kanzler Scholz die Unterwerfungsurkunde unterschreiben müssen, von deren Existenz wir erst durch Egon Bahr erfuhren. Bahr berichtete, dass wenige Tage nach Brandts Vereidigung als Bundeskanzler ein hoher Beamter Willy Brandt drei Briefe zur Unterschrift vorgelegt habe. »Jeweils an die Botschafter der drei Mächte – der Vereinigten Staaten, Frankreichs und Großbritanniens – in ihrer Eigenschaft als Hohe Kommissare gerichtet. Damit sollte er zustimmend bestätigen, was die Militärgouverneure in ihrem Genehmigungsschreiben zum Grundgesetz vom 12. Mai 1949 an verbindlichen Vorbehalten gemacht hatten«, so Bahr. »Brandt war empört, dass man von ihm verlangte, ›einen solchen Unterwerfungsbrief‹ zu unterschreiben. Schließlich sei er zum Bundeskanzler gewählt und seinem Amtseid verpflichtet. Die Botschafter könnten ihn wohl kaum absetzen! Da musste er sich belehren lassen, dass Konrad Adenauer diese Briefe unterschrieben hatte und danach Ludwig Erhard und danach Kurt Georg Kiesinger.«

So Egon Bahr in »Drei Briefe und ein Staatsgeheimnis«, veröffentlicht in der Wochenzeitung *Die Zeit* vom 14. Mai 2009. Gegenüber Dritten äußerte Bahr zudem, dass alle Bundeskanzler – von Adenauer bis Kohl – inoffizielle Mitarbeiter des CIA gewesen seien. Damit scheint er nicht falsch gelegen zu haben, wie der Historiker Thomas Boghardt nach Sichtung von Unterlagen des seinerzeitigen US-Militärgeheimdienstes CIC bestätigte. So soll sich etwa Willy Brandt zwischen 1948 und 1952 mehr als 200 Mal mit CIC-Verbindungsleuten getroffen und gegen Bezahlung Informationen geliefert haben. »Brandt habe über die SED und die Jugendorganisation FDJ berichtet, über politische Häftlinge im sächsischen Bautzen, ostdeutsche Werften, Fabriken, das Eisenbahnwesen und die Telefonausstattung der sowjetischen Streitkräfte«, schrieb *Die Zeit* am 17. Dezember 2021. »Es sei unklar, ob Brandt mit Wissen der SPD-Führung handelte.«

Ich erwähne den Vorgang an dieser Stelle nicht deshalb, um Brandt, die SPD und alle Kanzler der Kollaboration zu bezichtigen, sondern um die hysterische Heuchelei – eine unheilvolle Mischung aus ideologiegetränkten Vorurteilen und erschreckender Unwissenheit – zu zeigen, die im Dezember 2022 nicht nur im deutschen Feuilleton herrschte. Die Agenturen meldeten, dass ein BND-Beamter festgenommen worden sei, der im Verdacht stand, »Staatsgeheimnisse an Russland« verraten zu haben. Sofort setzte die kollektive Schnappatmung ein. Ein CDU-Verteidigungsexperte sah die Enttarnung sofort als Beweis, dass »Russlands hybride Kriegsführung« nunmehr auch Deutschland bedrohe; in Putins militärischer Strategie sei die Spionage eine »zentrale Waffe«. Der BND-Chef warf den

Russen »Skrupellosigkeit und Gewaltbereitschaft« vor, der außenpolitische Experte der SPD-Bundestagsfraktion forderte, man müsse sehr wachsam sein und entschieden vorgehen. Und der Vertreter der Linkspartei im Parlamentarischen Kontrollgremium für Geheimdienste sah »eine völlig neue und erschreckende Qualität«. Die Freidemokratin Marie-Agnes Strack-Zimmermann, die sich als verteidigungspolitische Expertin ihrer Partei geriert, erklärte die Festnahme des Doppelagenten zum »Weckruf an alle«. Der Vorgang sei ein weiterer Versuch Russlands, die Bundesrepublik zu destabilisieren. »Und da werden eben alle Register gezogen«, sagte die kundige Fachfrau im *Bayerischen Rundfunk*.

Der Sachverhalt: Carsten L., leitender Mitarbeiter der BND-Abteilung »Technische Aufklärung«, hatte im Kriegsjahr 2022 Informationen »an einen russischen Nachrichtendienst« übermittelt, »die er im Zuge seiner beruflichen Tätigkeit erlangt hatte«.

Gleich seiner Parteifreundin bejubelte auch der Bundesjustizminister die Festnahme, was die *Frankfurter Allgemeine Zeitung* zu der nüchternen Feststellung veranlasste, dass das »etwas vom ängstlichen Pfeifen im Walde« an sich habe. Denn tatsächlich dürfte die Enttarnung offenbaren, dass der BND nicht sicher sei. Was aber auch nicht zum ersten Mal zu beobachten gewesen ist. Die *FAZ* erinnerte an Heinz Felfe aus Dresden und Gabi Gast aus München. Das Blatt hätte auch noch andere Spione der DDR-Auslandsaufklärung aufzählen können, denn die beiden Top-Agenten waren nicht die einzigen, die den westdeutschen Dienst unterwandert und ausgespäht hatten. Zu Recht merkte die Zeitung an: »Für einen Geheimdienst ist es die höchste Kunst, eine ›menschliche Quelle‹ in den Reihen eines gegnerischen Dienstes zu haben. Umgekehrt ist es eine schwere Niederlage, wenn man einen solchen ›Maulwurf‹ unter den eigenen Mitarbeitern entdeckt.«

Die Erinnerung an die einstigen Agenten aus dem Osten machte einerseits die grundsätzliche Praxis von Spionage deutlich, andererseits ist damit auch gesagt, dass dies kein Privileg des Ostens war. Auch der Bundesnachrichtendienst war und ist weltweit unterwegs, um geheime Informationen zu sammeln. Eben das tut, was die *BILD* in bündnistreuer Dämlichkeit offenbarte: »Es wird vermutet, dass er (*gemeint war Carsten L. – W.B.*) Zugriff auf sämtliche Kommunikationsdaten hatte, die der BND durch weltweite Abhöraktionen gewinnt.«

Auch wenn der Schaden vielleicht doch nicht »gigantisch« war, wie das Blatt mit den vier Buchstaben gewohnt übertrieben behauptete, so war doch gewiss viel Wahres an der Weihnachtsbotschaft der Boulevard-Zeitung: »Auch Informationen befreundeter Geheimdienste aus den USA (NSA) und Großbritannien (GCHQ) könnten durch den Vorfall in russische Hände geraten sein – für den international vernetzten deutschen Geheimdienst ein Debakel.« (BILD *am 24. Dezember 2022 – Unterstreichungen im Original*)

Debakel?

Wollen wir mal schön die Kirche im Dorf lassen und daran erinnern, dass die Welt spätestens seit den Enthüllungen des amerikanischen Geheimdienstmitarbeiters Edward Snowden weiß, in welchem Ausmaß die USA die globale Telekommunikation und das Internet überwachen. Und dass selbst Regierungen und Politiker verbündeter Staaten skrupellos bespitzelt werden.

Am 5. Februar 2014 veröffentlichten die *Süddeutsche Zeitung* und der *Norddeutsche Rundfunk* nach gemeinsamen Recherchen, dass nicht nur Angela Merkel als Bundeskanzlerin, sondern auch ihr Vorgänger Gerhard Schröder in den Jahren 2002 bis 2005 von der NSA abgehört worden war. Und damit war die Sache nicht erledigt. Denn nachdem die Kanzlerin ein Machtwort gesprochen hatte (»Abhören unter Freunden, das geht gar nicht!«), setzten andere diesen Job fort, wie öffentlich gemachte Untersuchungen des *NDR* verrieten: »Der dänische Auslands- und Militärgeheimdienst *Forsvarets Efterretningstjeneste* (FE) ermöglichte demnach der NSA die Nutzung der geheimen Abhörstation Sandagergardan in der Nähe von Kopenhagen. Hier befindet sich ein wichtiger Internetknotenpunkt verschiedener Unterseekabel, den die Nachrichtendienste anzapften.«

Die Regierung des NATO-Partners Dänemark hatte davon seit 2015 Kenntnis, weil Kopenhagen nach den Snowden-Enthüllungen intern in Erfahrung bringen wollte, inwieweit der dänische Nachrichtendienst mit der NSA kooperiere. »Dabei erfuhr die dänische Regierung offenbar auch, dass Dänemark dabei half, führende Politikerinnen und Politiker aus Schweden, Norwegen, den Niederlanden, Frankreich und auch Deutschland abzuhören. Hierzulande waren das neben Kanzlerin Angela Merkel (CDU) und dem heutigen Bundespräsidenten Frank-Walter Steinmeier, so zeigen die Recherchen, auch der damalige Kanzlerkandidat Peer Steinbrück (SPD).« (*NDR* am 30. Mai 2021)

Patrick Sensburg (CDU) leitete im Bundestag den NSA-Untersuchungsausschuss und warb um Verständnis für das »System von Nachrichtendiensten«, als diese Enthüllung die Runde machte. »Es geht hier nicht um Freundschaften. Es geht hier nicht um moralisch-ethische Ansprüche. Es geht darum, Interessen durchzusetzen.«

Genau darum geht es.

»Wir müssen unsere Interessen schützen und das machen unsere Dienste, wie man gestern gesehen hat, sehr gut«, erklärte der grüne Vizekanzler am Tag nach der Festnahme von Carsten L. am 23. Dezember 2022.

Warum dann also die Hysterie, wenn auch die Russen ihre Interessen schützen bzw. durchsetzen? Machen sie vielleicht etwas anderes als die Amerikaner gegenüber ihren Verbündeten, Partnern und Freunden in Westeuropa? Uns gegenüber, den treudoofen Deutschen?

»Am Anfang war das Wort und nicht das Geschwätz, und am Ende wird nicht die Propaganda sein, sondern wieder das Wort«, hatte Benn zu Beginn des Jahres 1956 formuliert. Da war cr sicbzig – ich bin nun zehn Jahre älter, als er werden durfte. Die Zuversicht, die er mit dieser wie in Stein gehauenen Botschaft vermittelte, teile ich nur in Maßen, denn die Phase der Propaganda dauert Zeit meines bewussten Lebens an, und ein Ende ist nicht absehbar. Wann wieder »das Wort« regiert, was doch eine Metapher für Verstand und Vernunft darstellt, vermag ich nicht zu sagen.

Da teile ich schon eher die Skepsis, den Fatalismus des von mir sehr geschätzten, im Sommer 2014 verstorbenen Journalisten Peter Scholl-Latour. Der konstatierte in einem Interview im Frühjahr 2014, da war er gerade 90 geworden, dass die »fatale Auszehrung des politischen Personals in Europa« anhalte, »wobei Deutschland mit Angela Merkel ja noch großes Glück hat«. Scholl-Latour war ein knorziger Konservativer mit einem messerscharfen analytischen Verstand, ein Wehrmachtdeserteur mit jüdischem Hintergrund, der beim Versuch, sich in Jugoslawien zu Titos Partisanen durchzuschlagen, der Gestapo in die Hände fiel. Darüber hat er nie viel erzählt, nicht über die Folter der Faschisten, sein »Stahlbad«, wie er sagte, weil er sich nicht als Widerstandskämpfer habe stilisieren wollen.

Dieser Scholl-Latour also, mit 90 befragt, in welcher Zeit wir lebten, antwortete darauf gewohnt lakonisch: »Wir leben in einem Zeitalter der Massenverblödung, besonders der medialen Massenverblödung.«

Und die Zeit war das Frühjahr 2014, als in Kiew mit Hilfe der USA – die dafür bis dahin laut Auskunft von Victoria Nuland fünf Milliarden Dollar in der Ukraine investiert hatten – soeben ein korruptes russlandfreundliches Regime durch ein korruptes amerika- und westeuropafreundliches Regime ersetzt worden war. Nach dem Staatsstreich hatten die Russen unter Bruch des

Völkerrechts die Krim okkupiert, weil sie mehr als nur die Zukunft ihres Schwarzmeerstützpunktes Sewastopol gefährdet sahen. Und im Osten des Landes, im Donbass, begann sich ein Konflikt zu entwickeln, weil sich die dort lebende russischstämmige Bevölkerung von der neuen Kiewer Clique von Amerikas Gnaden bevormundet, ausgegrenzt und unterdrückt fühlte. Inwieweit diese Empfindung berechtigt war oder nicht und dass sie vom östlichen Nachbarn verstärkt wurde, stand auf einem anderem Blatt. Scholl-Latour nahm die Berichterstattung in den deutschen Medien zur Kenntnis und erklärte: »Wenn Sie sich einmal anschauen, wie einseitig die hiesigen Medien, von *taz* bis *Welt*, über die Ereignisse in der Ukraine berichten, dann kann man wirklich von einer Desinformation im großen Stil sprechen, flankiert von den technischen Möglichkeiten des digitalen Zeitalters, dann kann man nur feststellen, die Globalisierung hat in der Medienwelt zu einer betrüblichen Provinzialisierung geführt. Ähnliches fand und findet ja bezüglich Syrien und anderen Krisenherden statt.«

Die Uniformität, die undifferenzierte, politisch zweckdienliche und bisweilen propagandistische Berichterstattung nannte der Altmeister des deutschen Journalismus also »mediale Massenverblödung«.

Wie Benn fragte sich auch der Interviewer, ob dies nur eine befristete Erscheinung sei und also Hoffnung auf Änderung bestehe. Doch das Orakel Scholl-Latour winkte nur ab und forderte stattdessen, dass Berlin und Brüssel besser ihre politischen Hausaufgaben machten, man sollte – »statt die Ausweitung nach Osten voranzutreiben« – sich aufs Kerngeschäft konzentrieren, das heiße »Konsolidierung«, worunter er wohl vordringlich die Emanzipation Westeuropas verstand, die Abnabelung von amerikanischen Interessen. »Käme nun noch die Republik von Kiew hinzu, wo von den Tataren die Wurzeln des heutigen Russlands gelegt wurden und die Bekehrung zum Christentum stattfand, dann würde das aufgeblähte Territorium der fragilen Europäischen Union bis rund dreihundert Kilometer an jenes Schlachtfeld heranrücken, das unter dem Namen Stalingrad berühmt wurde. Haben die Deutschen jedes Gespür für die Tragik der eigenen Geschichte verloren?«

Das haben sie wohl.

Anders lässt sich weder die geschichtslose Außenpolitik noch die prinzipienlose Innenpolitik erklären. Die »fatale Auszehrung des politischen Personals in Europa«, von der Scholl-Latour 2014 sprach, und damit meinte er auch die intellektuelle Auszehrung, hat sich augenfällig beschleunigt.

So überrascht es denn kaum, dass heutzutage ein de-facto-Aufruf zum Mord in der Zeitung augenscheinlich ohne jede Reaktion bleibt, wenn er denn »dem Richtigen« gilt. Am letzten Tag des Jahres 2022 veröffentlichte die *BILD* eine ganze Seite mit den Wünschen vermeintlich Prominenter fürs neue Jahr. Und der Wunsch von »Sandra Maischberger (56, Polit-Talkerin)« lautete: »Ich wünsche mir einen Tyrannen-Mord …«

Wem die drei Punkte galten, lässt sich ahnen.

Im Übrigen kam, ohne dass er genannt wurde, die *Neue Zürcher Zeitung* zu Beginn des Jahres 2023 auf die

Forderung Scholl-Latours aus dem Jahr 2014 zurück, die EU solle sich auf ihr Kerngeschäft konzentrieren, statt die Ausweitung nach Osten voranzutreiben. Die Schweizer Zeitung gab ein Mitglied der EU-Mission für die Reform des zivilen Sicherheitssektors der Ukraine mit der Warnung wieder: »Es ist nicht im Interesse der EU, die Ukraine auf Jahrzehnte zu subventionieren.«

Der Politikwissenschaftler von der Eidgenössischen Technischen Hochschule Zürich, kurz ETH, erinnerte daran, dass die Ukraine seit 2014 einen Assozierungsvertrag mit der EU habe. Der sei mit einem Katalog von institutionellen und wirtschaftlichen Reformen verbunden gewesen, den das Land habe abarbeiten sollen. Man sei dabei »nicht vorangekommen«: »Wirtschaftlich war die Lage Anfang 2022 sogar noch schlechter als 2014.« Bescheidene Fortschritte bei der Demokratisierung habe es allenfalls dort gegeben, »wo nicht die unmittelbaren Interessen von Machtgruppen aus Politik und Wirtschaft – die eng verbandelt sind – tangiert wurden.« Etwa bei der Einführung von Standards und Kontrollen für die Lebensmittelsicherheit oder bei den staatlichen Ausschreibungen von Aufträgen. »Doch die Gewaltenteilung, die Ausdifferenzierung zu einem System, das aus Exekutive, Legislative und einer unabhängigen Justiz besteht, kommt nicht voran.«

Nun sind das alles keine Gründe, ein Land zu überfallen und einen Regimewechsel herbeizuführen, aber damit sagte dieser Henrik Larsen, dass die ukrainische Bevölkerung auch schon vor der russischen Aggression Opfer war. »Die Korruption ist aus historischen Gründen tief verwurzelt in der ukrainischen Gesellschaft«, meinte Larsen. »In den 1990er Jahren kam im Zug der kriminellen Privatisierungen eine neue Dimension der Korruption hinzu. Die Oligarchen wurden zu struktur-bildenden Akteuren in Wirtschaft und Gesellschaft. Was bedeutet das? Der Kampf gegen die Korruption muss hier, an der Spitze der Gesellschaft, beginnen. Solange die Bürger sehen, dass Minister, die dem Staat Geld gestohlen haben, straffrei bleiben, wird auch die kleine Korruption nicht verschwinden: Studenten wer-den weiterhin ihre Professoren bezahlen, um eine gute Note zu bekommen, oder Beamte Schmiergeld verlan-gen für die Ausstellung eines Fahrausweises.«

Was müsse die Europäische Union tun, lautete prompt die Frage der Zeitung, die gleichermaßen vage wie auch klar beantwortet wurde: »Es kann nicht darum gehen, dass die EU, wie nach 2014, einfach Geld in ein schwarzes Loch wirft.«

Nun, dieser Hinweis findet augenscheinlich so wenig Beachtung wie andere Mahnungen. Wir im Westen haben darin Übung, Geld in schwarze Löcher zu wer-fen, und das wollen wir auch künftig nicht lassen. Selbst wenn die Zahl der schwarzen Löcher stetig wächst.

Nur nicht nachlassen, wie der NATO-Generalsekretär Ende November 2022 vor einer wachsenden Kriegsmü-digkeit warnte, »denn ein Sieg Russlands wäre ein fatales Signal. Autoritäre Regimes weltweit würden daraus schließen, dass sie mit brutaler Gewalt bekämen, was sie wollten.« Diese Option trifft ganz gewiss auf die USA nicht zu. Die haben seit dem Zweiten Weltkrieg trotz noch so brutaler Gewalt tatsächlich keinen einzigen Krieg gewonnen.

»Und ehrlich gesagt sehe ich nicht, dass die Ukraine Mitglied der EU und erst recht nicht Mitglied der NATO wird«, bekannte Brigadegeneral Erich Vad in der *Emma* zu Beginn des Jahres 2023. »Wir haben in der Ukraine ebenso wie in Russland eine hohe Korruption und die Herrschaft von Oligarchen. Das, was wir in der Türkei – mit Recht – in puncto Rechtsstaatlichkeit anprangern, das Problem haben wir in der Ukraine auch.«

Schon am 21. Juli 2022 warnte die *Tagesschau* vor illegalen Geschäften und grenzüberschreitendem Schmuggel von Munition und Waffen, die die NATO in die Ukraine liefert. »Die europäische Polizeibehörde Europol hat Hinweise auf organisierten Waffenschmuggel aus der Ukraine«, hieß es. Und im Darknet kursieren Angebote von Waffen, die aus Lieferungen aus NATO-Staaten stammen. Javelin-Panzerabwehrraketen zum Beispiel, von denen die USA 1000 Exemplare an die Ukraine lieferten, werden im Internet für rund 30.000 Dollar angeboten. Ferner Drohnen, Minen, Handfeuerwaffen und Munition. Eine Online-Supermarkt für Kriminelle, Terroristen und Diktatorenstaaten. Die Lieferketten funktionieren.

Inkompetenz

*Die Fußball-EM in Österreich und der Schweiz 2008
soll für die ganze Welt zugänglich sein.
Der Fußballverband der Eidgenossen ist dabei
allerdings etwas zu weit gegangen –
und zwar in die Vergangenheit.
Bei der Online-Kartenbestellung konnten Fans nicht
mehr existierende Staaten wie die DDR, Jugoslawien
ČSSR oder die Sowjetunion als Heimatland angeben.*

»Schweiz heißt DDR-Bürger bei EM willkommen«,
in: *Die Welt* vom 15. Februar 2008

Die Außenpolitik ohne Geschichtskenntnis konnte man schon beim Vorgänger Baerbocks beobachten. Exemplarisch der Auftritt von Heiko Maas bei der Rückgabe von einem von der Wehrmacht geraubten Gemälde an die Uffizien in Florenz im Sommer 2017. Der deutsche Außenminister trug bei diesem offiziellen Akt ein schwarzes Hemd mit schwarzer Krawatte. Prof. Michael Wolffsohn, ein namhafter jüdischer Historiker, merkte indigniert an: »Schwarzhemden gehörten in Mussolinis Italien zur Uniform der Faschisten-Miliz. Bekanntlich waren die ›Schwarzhemden‹ und ihr Führer, der ›Duce‹, Verbündete des deutschen ›Führers‹ Adolf Hitler. Die Uniform der SS-Mörderbanden war ebenfalls schwarz. So weckte die wohlgemeinte Rückgabe von NS-Raubgut durch einen deutschen Minister im italofaschistischen und SS-Schwarz selbst bei nur Halbkundigen alles andere als Wohlgefühle.«

Wolffsohn schrieb in einem Zeitungsbeitrag diesem Vorgang »Symbolkraft« zu, für ihn war das keine Panne. »Das Auseinanderklaffen zwischen dem moralischen Anspruch des Ministers und dem Fehltritt im Auftritt ist das Grundproblem der deutschen Außenpolitik insgesamt.«

Auch wenn ich Wolffsohns Schlüsse und viele seiner Urteile keineswegs teile, nervt mich gleich ihm die von ihm angesprochene »praktizierte moralische Selbstüberhöhung breiter Kreise der deutschen Gesellschaft und Politik«. (Wolffsohn im *Tagesspiegel* am 31. Juli 2019) »Was Moral ist, bestimmt Deutschland.« Es solle in der Welt Staaten geben, »die das anders sehen. Die so Belehrten werden sich irgendwann revanchieren.«

Der Historiker Wolffsohn legte den Finger in die Wunde: »Maas und viele andere Deutsche rechtfertigen ihre heutige Politik als Antithese zur deutschen Vergangenheit. Geschichte ist ihr moralisches Hauptargument. Allerdings ist das historische Wissen hier und da bestenfalls lückenhaft.«

Ach, wenn's denn doch nur die unübersehbaren Wissenslücken bei der Geschichte wären. Die weißen Stellen sind nicht minder groß in der Ökonomie. In der Ökologie. In der Bildungs- und Wissenschaftspolitik, im Gesundheitswesen, in der Verkehrspolitik … Gibt es überhaupt ein Feld, wo man von Kontinuität und Kompetenz sprechen könnte?

Nun ist mir durchaus bewusst, dass es seit Jahrtausenden einen Generationenkonflikt gibt, der sich unter anderem in der wechselseitigen Unterstellung zeigt, dass die Jungen die Alten für verkalkt und aus der Zeit gefallen halten und die Alten die Jungen für unreif und unbegabt. Die Nachfolger halten ihre Vorgänger, die Alten, für unfähig und unwillig zu akzeptieren, dass sie, die Neuen, andere Wege als die Alten beschritten, mit Kreativität und Souveränität im Job nur so glänzten und alles anders und besser machten als die Generation, auf deren Schultern sie eigentlich stehen.

Diesen objektiven Dissens machte Frank Schirrmacher, zu jener Zeit Mitte vierzig, zum Gegenstand seiner Überlegungen. Sein Buch »Das Methusalem-Komplott« erschien 2004 und sorgte insofern in der auf Jugendkult getrimmten kapitalistischen Gesellschaft für Aufsehen, gar Entsetzen, weil er darin den Umgang mit den alternden Generationen und deren öffentliche Behandlung »mörderisch« nannte »wie alle anderen Rassismen, in denen Menschen minderwertig gemacht werden«.

Der Aufschrei galt aber weniger der Tatsache des beschriebenen demografischen Wandels, dass es künftig immer mehr Alte geben würde als Junge, die mit ihrer Arbeit und ihren Steuern für deren Unterhalt sorgen müssten. Sondern die moralische Entrüstung richtete sich gegen Schirrmachers nüchterne Feststellung, dass eine alternde Gesellschaft teuer sei. Siebzig bis neunzig Prozent des Geldes für die Gesundheitsfürsorge entfielen statistisch auf die letzten Lebensmonate. »Man wird vernehmbar über unsere Überzähligkeit diskutieren, über Euthanasie, über die letzten, teuren Wochen in den Krankenhäusern, die sogenannte aussichtslose Fälle zu Belastungen des Sozialwesens machen.«

Ohne dass ich es zynisch meinte: Dem Autor des in vierzehn Sprachen übertragenen und dafür mit diversen Preisen bedachten Werkes blieb das Schicksal in der von ihm beschriebenen vergreisenden Gesellschaft erspart: Frank Schirrmacher verstarb im Juni 2014 plötzlich und unerwartet, keine 55 Jahre alt.

Es gibt sehr, sehr viele Einrichtungen – Gott oder wem auch immer sei Dank –, in der Menschen 24 Stunden am Tag betreut werden, weil sie selbst inzwischen dazu nicht mehr in der Lage sind oder die sie pflegenden Angehörigen kein Leben in der vertrauten Umgebung zuverlässig sichern können. Ein wesentliches Moment in den inzwischen üblichen Erörtungen wird aber meist ausgespart – es geht um die ethische Seite dieses Daseins.

Die Medizin ist inzwischen in der Lage, das biologische Leben zu verlängern. Trotz Pandemie und der damit einhergehenden Bewegung in der Statistik liegt laut aktueller »Sterbetafel« – unangenehmes Wort – die durchschnittliche Lebenserwartung in Deutschland von Frauen bei 83,4 und bei Männern bei 78,5 Jahren. In der ersten »Sterbetafel« 1871–1881, also im ersten Jahrzehnt der Kanzlerschaft Otto von Bismarcks, lauteten diese Zahlen 38,5 und 35,6.

Ein Lebenszuwachs von mehr als einem halben Jahrhundert. Was für ein Fortschritt – dank der sozialen Veränderungen und der Entwicklung des Gesundheitswesens. Das sollte man nicht geringschätzen. Aber wer jemals eine Einrichtung mit dementen, mitunter bettlägerigen Menschen besucht hat, dem drängt sich zwangsläufig die Frage auf: wozu? Was ist das für ein Leben, dessen Sinn sich gänzlich erledigt hat? Wir verlängern die Lebenszeit, ohne darüber nachzudenken, wie wir diese füllen können.

Das ist nicht Aufgabe der Medizin, sagen die Mediziner. Und andere verdrängen diese Frage auch.

Ich erinnere mich des Schicksals des in der DDR sehr bekannten Schauspielers Peter Reusse. Er hatte in den frühen neunziger Jahren auf der Bühne des Deutschen Theaters, auf der er dreißig Jahre lang gespielt hatte, einen vollständigen Blackout. Eine Woche vor der Premiere war ihm schlagartig das Gedächtnis ausgelöscht. Beim späteren Reflektieren seiner Lebensumstände, die er in etlichen Büchern öffentlich machte, wurde ihm bewusst: Er hatte am letzten Hörspiel des DDR-Rundfunks, am letzten DEFA-Film, an der letzten Synchronisation, am letzten Einspiel einer Schallplatte und dergleichen finalen DDR-Produktionen mitgewirkt. »Bisschen viele Beerdigungen auf einmal«, merkte er später ironisch dazu an. Das wirkte nach.

Gleichsam das letzte Körnchen, dass alles zum Einsturz brachte, war eine Erfahrung, die er in einer Klinik im hessischen Darmstadt machen musste. Bei der Probe in Berlin erreichte ihn die Meldung, dass es seinem Vater nicht gutgehe, er liege im Sterben. Vor Mitternacht erreichte er die Intensivstation und den mit Dutzenden Apparaten verkabelten Körper. Die Forderung des Vaters im Ohr:

»Keine Gerätemedizin«, man solle ihn ziehen lassen, wenn es denn so weit sei, entschied Reusse: »Abschalten!« Das gehe nicht, lautete die Antwort der anwesenden Mediziner, das könne nur XYZ entscheiden, doch der sei nicht im Hause. Am nächsten Morgen war XYZ auch nicht im Hause, doch nun verfügten die Ärzte über die Kompetenz, die sie am Vortag angeblich nicht besessen hatten, und schalteten die Geräte ab. Später, nach dem Sichten der Unterlagen, wurde Reusse bewusst, warum die Aggregate seinen Vater über Nacht »am Leben« halten mussten: Bei der Krankenkasse konnte noch ein weiterer voller Tag abgerechnet werden … Peter Reusse hat nie wieder gespielt: nicht im Theater, nicht vor der Kamera. Er hat nur noch geschrieben, gemalt, Keramiken geformt. Bis er, 81-jährig, im Sommer 2022 starb. Im Brandenburgischen, wo er auch geboren worden war.

Die Frage nach einem sinnerfüllten Lebensabend und den Beitrag der Gesellschaft dazu vermag auch ich nicht zu beantworten. Aber ich möchte meiner Sorge Ausdruck geben, dass sich selbst bei diesem Thema etwas abzuzeichnen beginnt, was zu befürchten war.

Das Statistische Bundesamt erfasst nahezu alles, was sich in einer durchorganisierten Gesellschaft erfassen lässt. Fast alles – manches erfasst es nicht. Etwa die vereinigungsbedingten Suizide. Es gab sie reichlich, aber es gibt bis heute keine zentrale Übersicht, wie viele Ostdeutsche seinerzeit Hand an sich legten.

Beim Thema Lebenserwartung dokumentiert das Bundesamt jedoch inzwischen alles: Lebensstandard, Säuglings- und Kindersterblichkeit, ferner die Lebenserwartung und den Vergleich mit den Daten anderer Länder, Übersterblichkeit – auch so ein Wort, das Unbehagen bereitet – im Zuge der Corona-Pandemie. So wissen wir beispielsweise, dass im Oktober 2022 neunzehn Prozent mehr Menschen verstarben, als der mittlere Wert der Jahre 2018 bis 2021 für diesen Monat betrug.

Das Statistische Bundesamt veröffentlicht nicht nur Zahlen, sondern auch Karten. Sie zeigen in unterschiedlich kräftigen Färbungen die einzelnen Bundesländer je nach Zahlenlage bei bestimmten Untersuchungen. 2022 gab es zum Beispiel eine Grafik, die die durchschnittliche Lebenserwartung von in Deutschland zwischen 2019 und 2021 geborenen Menschen zeigt. Die heutigen Kleinkinder werden am Ende dieses Jahrhunderts so um die achtzig Jahre alt sein. In diese Berechnung sind viele Faktoren eingeflossen, nicht nur die medizinischen.

Bei den Männern geht es von hell- bis dunkelblau, bei den Frauen variiert die Farbe rot. Interessant: Die Stärke der Tönung zeichnet auf erstaunliche Weise die Umrisse der DDR. Die jetzt geborenen »Männer« werden nicht so alt wie ihre Landsleute im Westen – bei den Frauen ist die Differenz der Lebenserwartungen nicht ganz so groß, aber ebenfalls erkennbar.

Wenn auch 2100 die durchschnittliche Lebenserwartung im Westen noch immer höher ausfällt als im Osten, muss das also mit den regionalen Lebensumständen zusammenhängen. Nach 110 Jahren deutscher Einheit, so ist aus dieser Grafik zu schließen, existieren die Unterschiede zwischen Westen und Osten fort, sie haben sich also reproduziert, verfestigt. Hat das wirklich allein mit 45 Jahren deutscher Teilung zu tun? Oder eher damit, wie der Osten nach 1990 vom Westen behandelt und verwaltet wurde? Liegt es allein am Föhn, dass die bayerischen Männer statistisch 79 Jahre und älter werden? Warum werden die Mecklenburger trotz frischer Seeluft keine 77?

Aber vielleicht ist das alles nur hypothetisch, weil der Klimawandel, Kriege und andere Katastrophen die demografische Entwicklung auch hierzulande derart beeinflussen werden, dass alle diese Prognosen sich als unrealistisch erweisen werden.

Wie rasch sich alles ändert, merkte ich an einem Buch, das mir 2011 mein Freund Kurt Biedenkopf mit seinem Autogramm schenkte, damit ich es rezensierte. Er oder der Verlag hatten es überschrieben mit »Wir haben die Wahl – Freiheit oder Staat«.

»Einer der profiliertesten Vordenker unseres Landes« – so hatte die *FAZ* den 2002 vom Amt des sächsischen Ministerpräsidenten Zurückgetretenen genannt – hatte sich darin zur pekuniären Seite des Alterns geäußert. Ich war gebeten worden, das Ludwig Erhard gewidmete Buch zu besprechen. Zu dieser Übung fühlte ich mich in gewisser Weise verpflichtet, wiewohl ich auch schon bei anderer Gelegenheit bemerkt hatte, dass Biedenkopf dem normalen Leben doch ziemlich entrückt war, was nicht nur an dem freundlich-ironischen Titel »König Kurt« sichtbar wurde.

Neben vielem Richtigen wie dass etwa rund drei Viertel des West-Ost-Bruttotransfers als Steuern und Gewinne wieder in den Westen zurückflössen, sagte der

»Vordenker« auch manch Unzutreffendes. Legendär wie falsch zum Beispiel sein Diktum von 2000, als er noch MP war: »Die Sachsen sind immun gegen Rechtsextremismus.« Vier Jahre später saß die NPD mit 9,2 Prozent im Landtag zu Dresden. Dabei hätten ihn die rassistischen Pogrome in Hoyerswerda (1992) und »National befreiten Zonen« im Freistaat, paramilitärische Organisationen wie *Sturm 34* in Mittweida und die *Skinheads Sächsische Schweiz* (SSS) eines Besseren belehren müssen.

Bis zu einem gewissen Punkt konnte ich mir solche Äußerungen erklären – ein rechtes Image schadete der sächsischen Wirtschaft und stieß potentielle Investoren ab, also versuchte Biedenkopf das Problem zu bagatellisieren. Aber es war virulent.

Was ich inzwischen deutlicher merkte und monierte war die Tatsache, dass Leute wie er nur in den ihnen bekannten westdeutschen Mustern zu denken fähig waren. Sie bewegten sich auf den Gleisen, die ihnen vertraut waren und prolongierten diese in die Zukunft. Eine andere Option bewegte sich außerhalb ihrer Vorstellungskraft. Die Fantasie, sofern überhaupt vorhanden, reichte nicht aus, sich und das System grundsätzlich infrage zu stellen. Auch wenn sie dies verbal taten.

In seinem Buch behandelte Biedenkopf die zentrale Frage unserer Gesellschaft – nämlich die Altersvorsorge – und brach für die Selbstbestimmung freier Bürger eine Lanze, die in Eigenverantwortung für ihr Dasein – das gegenwärtige wie auch das künftige, also jenseits ihrer Erwerbstätigkeit – selbst sorgen sollten. Daran, so meinte er, würde sie der Staat hindern, indem er sie gängele, sie bevormunde, sie wie in der sozialistischen Planwirtschaft einhege. Er verstieg sich sogar zu der Behauptung, dass der Staat »mit seinem wohlfahrtsstaatlichen Regime kein Interesse daran (habe), die ›kleinen Leute‹ zu Freiheit und Selbstständigkeit zu befähigen«. Der Staat verbiete es selbst gut verdienenden Bürgern, sozialpolitisch »erwachsen« zu werden und für das Alter vorzusorgen.

Biedenkopf hatte insofern nicht unrecht, als es durchaus Menschen gab, die sich im Sozialstaat eingerichtet hatten. Die wussten, wo Bartel den Most holt (der Spruch soll angeblich auf den Weinschenk Bartholomäus Zimmer zurückgehen, der im 16. Jahrhundert im sächsischen Meißen lebte). Mit anderen Worten: die auf Kosten der Allgemeinheit lebten. Natürlich gab es solche »Sozialschmarotzer«, aber sie waren die extreme Minderheit.

Biedenkopf machte mit mathematischer Präzision deutlich, dass der Sozialstaat zwangsläufig mit seinen gegenwärtigen Möglichkeiten an seine Grenzen stoße. Die Finanzierung der sozialen Zuwendungen des Staates erfolge durch Kredite. Dadurch wüchse die Verschuldung schneller als die Wirtschaftsleistung des Landes. »Im Jahr 1970 betrug die Schuldenquote 18 Prozent. 1980 war sie auf 31 Prozent gestiegen.«

Zwischendurch fand die Übernahme der DDR statt. Im Jahr 2000 betrug die Schuldenquote 60 Prozent, 2010 rund 76 Prozent. »In diesen Zahlen wird die Vergeblichkeit des Versuchs deutlich, durch Staatsverschuldung Wachstum zu fördern«, so Biedenkopfs Feststellung.

Für ihn waren der Sozialstaat und sein Rentensystem am Ende. »Den großen Einrichtungen, die der Bevölkerung umfassenden sozialen Schutz versprochen haben, geht der Atem aus. Sie haben sich übernommen. Sie können das wachsende Ungleichgewicht zwischen Anspruch und Wirklichkeit nicht mehr ins Lot bringen. Die Menschen spüren und erleben es.«

Nun, wie sollte ich diese Sprechblasen kommentieren? Nicht grundlos lag das Buch auf meinem Schreibtisch, schließlich arbeitete ich an der Spitze des Verbandes Betriebliche Vergütungs- und Versorgungssysteme für Unternehmen und Kommunen, einer der von Biedenkopf angesprochenen »großen Einrichtungen«.

Ich teilte Kurt Biedenkops Diagnose, dass der (westdeutsch geprägte) Sozialstaat dringend tiefgreifender struktureller Änderungen bedurfte. Allerdings überzeugte mich seine angebotene Alternative wenig, weil sie keine war. »Es geht um eine neue Sozialordnung, die nicht von zentraler Planung geprägt, sondern der freiheitlichen Gestaltung der persönlichen Lebensräume der Menschen verpflichtet ist.« Viel freiheitlicher Qualm und wenig Konkretes. So wie ich es inzwischen gewohnt war.

Der Verriss in der *Zeit* von Biedenkopfs »Wir haben die Wahl – Freiheit oder Vater Staat« schloss mit einer amüsanten Pointe: »Die Preisgabe von Staat und Gesellschaft mit Freiheitsrhetorik zu verbrämen grenzt an Zynismus. Haben wir da nicht noch eine andere Wahl im intellektuellen Angebot?«

Auch dieses Buch mit Hardcover und Schutzumschlag für 19,99 € landete, wie vergleichbare Publikationen, bald auf den Wühltischen im Modernen Antiquariat.

Vasallen

Spitzen-Grüne halten Deutschland für so gründlich geläutert, dass es, moralisch gesehen, schon fast wieder Krieg gegen Russland führen könnte – und sie lassen kaum eine Gelegenheit aus, das zu verdeutlichen. Vor allzu scharfem Gegenwind schützen sie sich dabei mit einem uralten Trick, der im Kalten Krieg genauso gut funktioniert hat wie kurz vor heißen Kriegen oder mittendrin: Wer nicht für uns ist, ist für den Iwan!

Claudia Wangerin auf *Telepolis*, 4. Juni 2021

Das von Kurt Biedenkopf in seinem Buch angerissene Thema Staatsverschuldung beschäftigte mich unablässig, wobei ich mir bewusst bin, dass es uns zwar alle berührt, aber die wenigsten damit etwas anzufangen wissen. Das liegt wohl daran, dass das Politsprech immer unverständlicher und die ökonomischen Zusammenhänge immer weniger durchschaubar sind. Und andererseits gibt es kaum Erklärer, die alles auf ein verständliches Niveau herunterbrechen können. Doch selbst dann dürfen sie mit Gleichgültigkeit rechnen, weil sich im Laufe der Jahre die Beobachtung verfestigt hat, man werde von Politik und Presse hinter die Fichte geführt. »Belogen un betroogen ham se uns«, hieß es 1989/90, und seit Oktober 2014 marschierte *Pegida* mit der gleichen Losung durch Dresdens Straßen.

Pegida – »Patriotische Europäer gegen die Islamisierung des Abendlandes« – zog nicht nur kleinbürgerliche Spießer an, die sich vor Ausländern, insbesondere vor Moslems, fürchteten. Tausende protestierten gegen eine vermeintliche »Überfremdung«, der rechte Drall war nicht zu überhören. »Sachsen bleibt deutsch!« und »Merkel muss weg!« skandierte der Chor bei Demonstrationen und auf »Spaziergängen«, die von der NPD und anderen rechtsextremistischen Bewegungen unterstützt wurden, eingeschlossen diverse nationalistische Publikationen, die dazu aufriefen. Sie sorgten dafür, dass der Funken in andere Städte und Bundesländer übersprang. Bald formierten sich vielerorts Pegida-Ableger, und von auswärts kamen Exponenten dortiger rechtsextremer Bewegungen. So sprach in Dresden etwa Geert Wilders, der Häuptling der Rechten in den Niederlanden. Er tat dies gemeinsam mit Tatjana Festerling, einst AfD Hamburg, die für Pegida bei der Neuwahl des Dresdner OB im Juni 2015 antrat. Sie sollte mit 9,6 Prozent der Stimmen bereits in der ersten Runde ausscheiden, sorgte aber als prominenter Kopf der Bewegung immer wieder für gern zitierte Schlagzeilen. So forderte die gebürtige Wuppertalerin eine neue Mauer (»Aber dieses Mal so richtig hoch!«), wie die *Zeit* sie im März 2015 zitierte: »Sollen die linken Gutmenschen doch im Westen ihre Gesinnungsdiktatur errichten mit ›gendergerechten Enthauptungen‹ und ›Kondom-Abrollwettbewerben‹ in den Kitas, sollen sie ihr ›Grünes Reich‹ ohne Schweinefleisch und mit Vollverschleierung gründen. Die guten Deutschen bleiben dann im Osten, wo es so ›geborgen und vertrauensvoll‹ sei.«

Die Reaktionen fielen unterschiedlich aus. Es gab Gegendemonstrationen, die von den Kirchen, der Jüdischen Gemeinde, dem Ausländerrat, dem Bündnis *Dresden Nazifrei*, Studentenschaften und anderen zivilgesellschaftlichen Vereinigungen getragen wurden. Und es gab Angebote etwa der CDU-Oberbürgermeisterin Helma Orosz, die – wie eben andere verantwortungsbewusste Kommunalpolitiker auch – sehr wohl erkannt hatte, dass diese Unmutsbekundungen nicht aus dem Nichts entstanden waren und nun von Rechtsextremisten und Neonazis, die oft aus dem Westen stammten, politisch instrumentalisiert wurden.

Ausgangspunkt waren die begründete, aber diffuse Unzufriedenheit über die Politik und die Politiker, über die Darstellung der Lebenswirklichkeit in den Medien und vor allem der Umgang mit Flüchtlingen und Emigranten, die angeblich bevorzugt behandelt wurden. Natürlich schürte es Unverständnis, wenn eine Flüchtlingsfamilie aus Syrien eine renovierte Wohnung zugewiesen bekam, während eine deutsche Familie aus ihrem heruntergekommenen Quartier flog, weil sie die Miete nicht mehr hatte aufbringen können. Oder wenn die staatliche Fürsorge für nicht arbeitende Einwanderer (denen die Arbeit von staatswegen verweigert wurde) scheinbar höher war als die Erträge von Deutschen, die hart arbeiteten und sich um ihren Arbeitsplatz sorgten. Es mangelte an Aufklärung und Transparenz, nicht aber an Rattenfängern, die diese Stimmung auffingen, kanalisierten und für völkische, rassistische, ausländerfeindliche Hetze nutzten.

Reaktionäre Kräfte, die gegen »Wirtschaftsflüchtlinge« und »Asylmissbrauch«, gegen »Lügenpresse« und »Volksverräter«, »gegen »Überfremdung« und »Islamisierung« zu Felde zogen und für »die Identität unserer christlich-jüdischen Abendlandkultur« und die »Souveränität Deutschlands« kämpften, kaperten gleichsam das »aufmüpfige« Volk. Vertreter von vorzugsweise im Westen beheimateten Medien berichteten aus »Dunkeldeutschland«, sie verirrten sich in diese Regionen nur, wenn es etwas über braune Aufmärsche, Zusammenstöße mit Ausländern oder brennende Asylbewerberheime zu berichten gab. Der Osten kam nur in diesem Kontext vor.

In die von Vorurteilen und Unwissenheit geprägte Sicht vom Westen auf den Osten passten solche Tatsachen wie die Wahlergebnisse der *Alternative für Deutschland* (vergessen oder verdrängt, dass die AfD im Februar 2013 im Taunus, also im Westen, gegründet worden war?). Denn: Die Parteisprecherin und Sachsens Landesvorsitzende Frauke Petry war schließlich eine Dresdnerin.

Im sächsischen Dorfchemnitz, einem rund anderthalbtausend Seelen zählenden Ort am Rande des Erzgebirges, sollte bei den Bundestagswahlen 2021 jeder Zweite die AfD wählen. Die *taz* berichtete, die gängigen Stereotype bedienend: »Erwartungsgemäß trifft man keinen bekennenden AfD-Wähler auf der Straße entlang des Chemnitzbaches. Nur auf das bei den missgelaunten Sachsen besonders ausgeprägte Muffeln, auf den latenten Generalfrust. ›Es ist doch immer der gleiche Scheißhaufen, egal, welche Fliegen darauf sitzen‹, kommentiert ein Einwohner, der gerade Holz hackt. Er habe unter den Kommunisten nicht viel verdient und jetzt auch nicht. Von der AfD verspricht er sich aber auch kaum neue Glückseligkeit. ›Mit Presse habe ich nichts am Hut‹, schiebt ein Installateur das hingehaltene Mikrofon beiseite, bevor er in seinen Transporter steigt. ›Ihr dreht ja alles so, wie ihr es braucht‹, setzt er eher resignierend als schimpfend hinzu.«

Der erkennbar um Erklärung bemühte Journalist, warum die Leute so wählten, wie sie gewählt hatten, ließ den Leser mit seinem Beitrag so ratlos zurück, wie er selbst den Ort verlassen hatte. Die Leute sagten ihm: »Es gehe uns nicht schlecht, aber es gebe auch keine Veränderung. Die wird einesteils irgendwie gewünscht, konkret wie beim Kohleausstieg aber auch gefürchtet. Die AfD betreibe ›brotlose Kunst‹, mit ihr würde auch nichts besser. Wobei nicht klar wird, *was* unbedingt besser werden müsse.«

Die abfällig als »Sammlungsbewegung der Dauerverbitterten« bezeichnete AfD und deren Wählerschaft gaben dem Reporter Rätsel auf. In Sachsen und Thüringen gewann die AfD 2021 vierzehn Direktmandate – besonders hohe Zustimmung erhielten die Rechten im Osten und Südosten Sachsens. Aber nur eine Wählerin, die vermutlich zu jenen 47,7 Prozent in Dorfchemnitz gehörte, die nicht der AfD-Kandidatin ihre Erststimme gegeben hatte, ließ eine klare Haltung erkennen. Die rüstige 87-Jährige, die dem Reporter mit ihrem Rollator auf der Dorfstraße begegnete, erklärte ihm, sie sei unter den Nazis aufgewachsen. »Dann habe sie einen AfDler im Fernsehen gehört und sich gesagt: ›Die wähle ich nicht, das klingt wie damals!‹«

Breite Zustimmung – und das machte das ganze Dilemma deutlich – fand die Ablehnung des Sanktions- und Konfrontationskurses gegen Russland und die Nibelungentreue zu den USA durch Pegida, AfD und andere Strömungen, die eben diese Grundstimmung geschickt zu nutzen wussten und wissen. Im Osten Deutschlands, also zu DDR-Zeiten, hatten sich intensive wirtschaftliche Beziehungen zu sowjetischen Unternehmen entwickelt, nicht nur Mähdrescher aus dem sächsischen Neustadt und Singwitz oder Eisenbahnwaggons aus Görlitz und Bautzen waren seinerzeit dorthin in großen Mengen über Jahrzehnte exportiert worden. Und diese wirtschaftlichen Verbindungen bestanden in der einen oder anderen Form fort: Betriebe in Ostdeutschland profitierten davon, manche existierten sogar nur noch deshalb. Insofern war es auch ein Gebot ökonomischer Vernunft, den rigorosen Konfrontationskurs Berlins nicht mit Beifall zu bedenken.

Die Landespolitik begann dies nach geraumer Zeit zu begreifen. Der seit 2017 in Dresden amtierende Ministerpräsident Michael Kretschmer sprach sich wiederholt gegen die kurzsichtige Sanktionspolitik des Westens gegen Russland aus – er bezog Prügel von Seinesgleichen und erhielt Zustimmung von der sächsischen Bevölkerung. Im November 2022 ergab eine repräsentative Umfrage des *MDR*, dass 69 Prozent Kretschmers Forderungen nach diplomatischen Verhandlungen mit Russland und einer Korrektur der Sanktionspolitik trotz des Krieges in der Ukraine teilten. Und dass man nach dem Ende des Krieges wieder russisches Erdgas importieren solle.

Kretschmers Parteivorsitzender, ein Ex-Lobbyist und Ex-Fraktionschef, den die seinerzeitige CDU-Vorsitzende Merkel 2004 wieder zurück in die rheinische Provinz geschickt hatte, rüffelte ihn für solche Haltung öffentlich: Die Position des sächsischen Ministerpräsidenten sei nicht die der CDU Deutschlands. Im Osten Deutschlands gebe es eine »etwas naive Haltung gegenüber Russland«, so Merz im *ARD*-Sommerinterview 2022.

Kretschmer blieb dennoch bei seiner – eindeutig richtigen und von mir geteilten – Position: Die gegen die Russische Föderation gerichteten Sanktionen verursachen in Deutschland mehr Schaden als in Russland.

Natürlich sei Russland Aggressor und die Ukraine Opfer, denn der Überfall war völkerrechtswidrig, dennoch müssten wir weiter mit Moskau zusammenarbeiten. »Russland ist Realität, wir müssen mit denen klarkommen«, sagte Kretschmer auf einem Bürgerforum im sächsischen Riesa laut *Süddeutscher Zeitung* vom 8. September 2022. Und mit Anspielung auf die Haltung der Mehrheit seiner westdeutschen Parteifreunde und der Berliner Regierungsmeinung fügte er hinzu: »Es ist schon ein starkes Stück, dass man sich für den Wunsch nach Frieden entschuldigen muss.«

Weil aber seinerzeit Pegida und andere am rechten Rand der Gesellschaft verortete Bewegungen, Parteien und Personen eben diese Russland-Position okkupiert hatten, wurden und werden Kritiker des Regierungskurses und Befürworter eines vernünftigen Umgangs mit Russland unterschiedslos in die rechte Ecke gestellt. Das sorgte dafür, dass sich weitere Menschen ausgegrenzt und ausgestoßen fühlen, was das Unmutspotential noch weiter anschwellen ließ: religiöse Eiferer und Fundamentalisten, Anhänger von Verschwörungstheorien, Reichsbürger, Esoteriker, Islamophobe und Klimawandelleugner … Später kamen noch Impfgegner und Corona-Leugner hinzu.

Wo eine weißblaurote Trikolore wehte und Frieden mit Russland gefordert wurde, erkannte der Mainstram augenblicklich Rechtspopulismus und Elemente der »hybriden Kriegsführung« des slawischen Aggressors und schoss scharf.

Ähnlich rufmörderisch sind die Reflexe auf Kritik an der Politik der USA, die ebenfalls aus der vorgeblichen Mehrheitsmeinung kommen. Wer nicht Washingtons Politik blind teilt, sich nicht »uneingeschränkt« solidarisch zeigt (SPD-Bundeskanzler Schröder am 12. September 2001 im Bundestag nach den Anschlägen auf das World Trade Center am Vortag), gilt als Feind der USA, ist ein Antiamerikaner. »Antiamerikanismus bedeutet, dass den USA verschiedene negative Attribute pauschal zugeschrieben werden. Sie gelten beispielsweise als dekadent, kulturlos, materialistisch oder aggressiv-imperialistisch«, erklärt die Bundeszentrale für Politische Bildung. Auch wenn gleich relativiert wird (»Allerdings ist nicht jede scharfe Kritik etwa an der US-Militär- und -Außenpolitik gleich antiamerikanisch«), so wird im Prinzip die Forderung nach Emanzipation Europas, die Formulierung und vor allem Durchsetzung von EU-Interessen als Schwächung des transatlantischen Bündnisses, also als Antiamerikanismus, interpretiert und auch so verurteilt.

»Für heutige Neonazis sind die USA ein Hort des Bösen«, meint die Bundeszentrale. Das hinge mit der militärischen Niederschlagung Deutschlands 1945, mit der »Siegerjustiz«, der »demokratischen Gehirnwäsche« zusammen. Die USA seien in den Augen der Nazis »Werkzeug des Judentums« und Instrument, um die Weltherrschaft zu erlangen.

Jeder vernünftige Mensch weiß, dass dies gefährlicher Unsinn ist. Es ist auch nicht die Ursache, weshalb die Politik des selbsternannten Weltgendarms kritisch gesehen wird und auch kritisiert werden muss. Grund für die Distanz ist der aggressive Ehrgeiz der USA, der Welt ihre Spielregeln zu verordnen.

Es haben sich inzwischen Dutzende Wissenschaftler mit dem Thema »Antiamerikanismus« beschäftigt, unter ihnen Felix Knappertsbusch, Professor an der nach Helmut Schmidt benannten Universität der Bundeswehr in Hamburg. Nach Knappertsbusch gibt es zwei Formen des Antiamerikanismus. Zum einen die »kulturkonservative Variante«: Die USA sind verantwortlich für den Verfall von regionalen Werten und Traditionen, Stichworte Coca Cola, Micky Maus und McDonald's. Zum anderen die antiimperialistische Variante: Die Wallstreet sei an allen Konflikten auf der Welt Schuld.

Diese Sicht sei besonders im Osten verbreitet, so der Bundeswehr-Akademiker, auf den dies »wie die Fortschreibung der SED-Ideologie« wirke. Und dann kam noch eine akademische Volte, die ich noch weitaus weniger verstehe. Vielleicht ist die Bemerkung auch eher der *Zeit* zuzuschreiben, die unter der erhellenden Überschrift »Ossis gegen Amis« Knappertsbusch im Juni 2016 zitierte. »Im Osten hat Antiamerikanismus möglicherweise noch eine ganz spezielle Funktion – vor allem für jene Menschen, die bis heute unter der westdeutschen Dominanz nach der Wiedervereinigung litten, vermutet Knappertsbusch. ›Kurz gesagt: Wer auf Amerika schimpft, kann sich gegen den Westen wenden, ohne das innerdeutsche Wir-Gefühl verletzen zu müssen.‹«

Eine derartige sensible Rücksichtnahme würde ich meinen ostdeutschen Landsleuten absprechen wollen. Die reden meist ohne Blatt vorm Mund. Wenn sie etwas an der Wiedervereinigung auszusetzen haben, wählen sie nicht den Umweg über Amerika.

Zeitgleich mit Pegida formierte sich auch Pegada, die *Patriotischen Europäer gegen die Amerikanisierung des Abendlandes*. Und während in Dresden Anfang 2015 Pegida gegen den Luftterror und das Kriegsverbrechen der Angloamerikaner – die Zerstörung Dresdens im Februar 1945 – unter der alten deutschen Kriegsflagge und der Friedenstaube demonstrierte, zogen die Pegada-Aktivisten durch Erfurt, Halle und Chemnitz. »Liegt hier etwa das deutsche Ballungszentrum der Amerikafeinde?«, fragte *Die Zeit* rhetorisch. »Verwundern würde es nicht, schon mit Blick auf die Geschichte. Schließlich zementierte der SED-Staat über Jahrzehnte hinweg das Feindbild von den ›Yankees‹ als böser Macht. Heute wiederum sind Linke und AfD im Osten außerordentlich stark – zwei Parteien, die sehr vieles trennt, aber eines verbindet: dass antiamerikanische Positionen dort besonders salonfähig sind.«

Nach dieser Logik bin ich wahrscheinlich Nazi, weil auch für Hitler 2 + 2 = 4 war. Oder bin ich vielleicht doch Stalin? Für den lautete das Resultat dieser Rechnung vermutlich ebenfalls vier …

Das Argument, man sei *gegen* Amerika, weil man die Politik der USA kritisiere, wird auch in anderen Zusammenhängen als Totschlagargument benutzt. Wer die Kritik Israels verurteilt, gilt als Antisemit. Ich erinnere mich an die Rede Martin Walsers 1998 in der Frankfurter Paulskirche, mit der er sich für die Verleihung des Friedenspreises des Deutschen Buchhandels bedankte. Er hatte dort gesagt: »Auschwitz eignet sich nicht dafür, Drohroutine zu werden, jederzeit einsetzbares Einschüchterungsmittel oder Moralkeule oder auch nur Pflichtübung.« Viele sahen darin den Versuch Walsers – eines vermeintlichen NSDAP-Mitgliedes und ehemaligen DKP-Sympathisanten –, den Holocaust und Deutschlands Verantwortung dafür zu relativieren und attackierten den Schriftsteller heftig. Ignatz Bubis, Vorsitzender des Zentralrats der Juden, sprach von »geistiger Brandstiftung«. Und *Die Welt* ironisierte zwanzig Jahre später: »So wie der Rechte ständig die Nazikeule oder die Auschwitzkeule über sich schweben sieht und manchmal auch die Holocaustkeule, fühlt sich der Linke mit DDR-Vergangenheit von der Stasikeule verfolgt. Der Türke wiederum wittert die Völkermordkeule, wenn vom Genozid an den Armeniern die Rede ist. Auch die Abtreibungskeule, die Verschwörungstheoriekeule und die Rassismuskeule werden geschwungen. Nur, wer Putinkeule googelt, landet dann doch nur bei Rezepten für Putenkeule.«

Abgesehen davon, dass Witze auf Kosten Dritter immer billig und blöd sind, kommt in diesem Falle auch eine unzulässige Gleichmacherei hinzu.

Ich lehne die Politik der Bundesregierung gegenüber Russland ab, weil sie nachweislich die ökonomische Basis unseres Landes ruiniert und damit unseren Wohlstand gefährdet. In wenigen Monaten wurde zerstört, was in Jahren und Jahrzehnten von Generationen mühsam aufgebaut worden ist. Darum bin ich weder ein Rechter noch ein Idiot.

Und ich lehne die Politik der Bundesregierung gegenüber den USA ab, weil sie uns in eine Abhängigkeit gebracht hat, der wir kaum noch entrinnen können. Ich verurteile zudem Washingtons Politik, die mit legalen und illegalen Methoden US-Interessen global auch auf Kosten ihrer Verbündeten durchsetzt – »America First«! Im Krieg in der Ukraine verteidigen wir nicht unsere, sondern die Interessen der Amerikaner. Wir sollen Russland ruinieren, ruinieren aber uns selbst. Der Gewinner sitzt unterdessen jenseits des Atlantiks und freut sich, wie zwei seiner Konkurrenten sich wechselseitig schwächen. Deutschland und die EU sollen den Russen den Hals zudrücken, wir nehmen uns aber selbst die Luft zum Atmen, indem wir beispielsweise auf russische Rohstoffe und den russischen Markt für immer verzichten sollen.

Darum bin ich weder ein Antiamerikaner noch ein Nationalist. Mir sind alle Völker gleich lieb. Für mich gilt, was Bertolt Brecht 1950 in seiner »Kinderhymne« formulierte – die im Übrigen ganz gut das antiquierte »Deutschlandlied«, das im Ersten Weltkrieg und in der Nazizeit korrumpiert worden war, hätte ersetzen können. Brecht sschrieb die Verse, weil er sich provoziert fühlte, als Adenauer in Berlin am 15. April 1950 demonstrativ hatte singen lassen: »Deutschland, Deutschland / über alles / über alles in der Welt« und »Von der Maas bis an die Memel / Von der Etsch bis an den Belt«):

Anmut sparet nicht noch Mühe
Leidenschaft nicht noch Verstand
Dass ein gutes Deutschland blühe
Wie ein andres gutes Land

Dass die Völker nicht erbleichen
Wie vor einer Räuberin
Sondern ihre Hände reichen
Uns wie andern Völkern hin.

Und nicht über und nicht unter
Andern Völkern wolln wir sein
Von der See bis zu den Alpen
Von der Oder bis zum Rhein.

Und weil wir dies Land verbessern
Lieben und beschirmen wir's
Und das liebste mag's uns scheinen
So wie andern Völkern ihrs.

Die USA sehen sich als »Melting pot«, als Schmelztiegel von Ethnien. Die Tatsache, dass viele Einwanderer dort eine neue Heimat fanden und noch immer finden, nehmen sie als Ausweis, dass sie multikulturell und nicht nationalistisch seien.

Diese Metapher des Melting pot soll übrigens ein Franzose im ausgehenden 18. Jahrhundert in einem Essay kreiert haben (»Letters from an American Farmer«), und reichlich hundert Jahre später wurde daraus ein Theaterstück, das den multikurellen Gründungsmythos auf die Bühne brachte: »There's No Business Like Show Business« …

Nicht alle teilen diese Überzeugung vom Schmelztiegel und sprechen lieber von einer »Salatschüssel«: Die Immigranten leben, keineswegs integriert, in Gruppen, die ihre Gewohnheiten beibehalten und nur einzelne Elemente anderer Gruppen übernehmen.

Dass an dieser These etwas dran ist, bestätigen nicht zuletzt die Pisa-Studien. Dort schneidet das größte Einwanderungsland, die USA, stets unterdurchschnittlich ab.

Es ist wahr, dass die USA Spitzenintelligenz aus der ganzen Welt an ihre Universitäten und Forschungseinrichtungen ziehen, Topleute aus aller Herren Länder landen in den Chefetagen von Industrie und Finanzwirtschaft. Und das seit Jahrzehnten. Diese – zumeist nicht in den USA ausgebildeten – Fachkräfte sorgen dafür, dass die USA ihre unangefochtene Spitzenstellung in Wissenschaft und Technik behaupten. (Nicht für immer und ewig, was die wachsende Nervosität der USA in Bezug auf China erklärt.) Aber das Bildungs- und Wissensniveau an der Basis sinkt ständig. Die sogenannten »bildungsfernen Schichten« dominieren zumindest zahlenmäßig die Gesellschaft. Da »verschmilzt« nichts.

Die DDR, in der ich aufwuchs, war sich bewusst, dass man jene Schichten besonders fördern müsse, die bislang nicht die Möglichkeit hatten, höhere Bildungseinrichtungen zu besuchen. Weil sie zu arm waren und Geld verdienen oder von Kindesbeinen an auf dem elterlichen Hof arbeiten mussten. Das sogenannte Bildungsprivileg der besser Gestellten wurde gebrochen, indem man Kindern aus Arbeiter- und aus Bauernfamilien bevorzugt den Zugang zu höheren Bildungseinrichtungen erleichterte. Es wurden beispielsweise Arbeiter- und Bauernfakultäten (ABF), Vorstudieneinrichtungen, geschaffen, um den Sprung an Hochschulen und Universitäten zu ermöglichen. Mitte der fünfziger Jahre kam dadurch inzwischen jeder zweite Studierende aus der Arbeiterklasse. Dann aber kippte alles, als die studierten Arbeiter- und Bauernkinder zur Intelligenz aufgestiegen waren und selber Kinder hatten, die nunmehr ebenfalls eine Fach- oder Hochschule besuchten. So kam es, dass Ende der achtziger Jahre weniger als zehn Prozent der Studierenden in der DDR – dem Staat der Arbeiter und Bauern – proletarische Wurzeln besaßen. Das war weniger als in der kapitalistischen Bundesrepublik. Dort betrug deren Anteil fünfzehn Prozent.

Die DDR hatte augenscheinlich die demografisch-soziale Entwicklung verpennt.

Bildung wird in Deutschland überdurchschnittlich stark vererbt, muss man heute konstatieren. Dem Hochschulbildungsreport von 2018 zufolge beginnen gerade einmal 21 Prozent der Kinder aus Nichtakademikerhaushalten ein Studium, unter den Akademikerkindern sind es 74 Prozent. Und während rund ein Drittel der Arbeiterkinder das Studium abbricht, sind es bei den Akademikern nur 15 Prozent.

Im Ländervergleich schneidet Deutschland in Sachen Chancengleichheit bei der Bildung schlecht ab. Unter den 28 analysierten Ländern belegt die Bundesrepublik nur Platz 19 – niedriger sind die Aufstiegschancen nur in Osteuropa, Chile und Italien.

Auf der anderen Seite: Die Bereitschaft, einen handwerklichen oder nichtakademischen Beruf zu ergreifen, ist seit Jahren dramatisch rückläufig. Warum? Weil die Arbeit schwer und schmutzig ist, weniger verdient wird, Wertschätzung und gesellschaftliche Anerkennung gering sind und kaum Aufstiegschancen bestehen.

Dieses negative gesellschaftliche Narrativ ist nicht über Nacht entstanden. Anders als in der DDR, wo der werktätige Mensch im Fokus stand, richtet sich der öffentliche Blick – also der Blick der Medien – vorzugsweise auf Randgruppen. Man studiere die Cover der People-Magazine, schaue sich Krimis und Filme im Fernsehen an – gemordet, geheiratet, gelitten und gestritten wird mehrheitlich im bürgerlichen Milieu. Jaja, der dramatische Existenzkampf einer alleinerziehenden Mutter interessiert so wenig wie das Leben eines Bandarbeiters bei VW, das bringt weder Auflage noch Quote. Anders wenn eines der Kinder dieser Frau ein Spenderherz braucht oder der Montagearbeiter mit Beinprothese seinen Mann steht …

Auch solche Erfahrungen fließen in die Wahrnehmung der Menschen ein, die sich nicht in den Medien wiederfinden und darum das Wort von der »Lügenpresse« nachplappern, das ihnen rechtsextreme und rechtspopulistische, völkische, rassistische, fremdenfeindliche und islamophobe Wortführer vorplappern. Wasser auf diese Propagandamühlen sind gelegentlich Skandale, die aus den Redaktionen nach außen dringen wie etwa der Fall der *RBB*-Intendantin Patricia Schlesinger, die die öffentlich-rechtliche Sendeanstalt Berlin-Brandenburg selbstherrlich wie eine Despotin führte und dafür – neben etlichen Privilegien, die keinem sterblichen Rundfunkzahler zuteil werden – mit über 300.000 Euro im Jahr fürstlich entlohnt wurde. Nicht einmal der Bundespräsident (214.000 €) bekommt so viel. Und nach ihrem Rausschmiss stehen ihr noch 15.000 Euro Pensionsansprüche im Monat zu, hieß es. Meldungen wie diese bestätigen das diffuse Misstrauen, dass »die da oben« das Land wie einen Selbstbedienungsladen betrachteten, in dem sie sich nach Herzenslust bedienten, während »die da unten«, also wir (»Wir sind das Volk!«) nach Strich und Faden belogen würden.

Pegida (»Patriotische Europäer gegen die Islamisierung des Abendlandes«) zog mit der Parole von der »Lügenpresse« in die Schlacht und machte es zum Unwort des Jahres 2014. Die akademische Begründung der Sprachwissenschaftler in Darmstadt versuchte zu unterscheiden zwischen einer gezielten und pauschalen Diffamierung der Medien und dem gedankenlosen Nachquatschen. »Gerade die Tatsache, dass die sprachgeschichtliche Aufladung des Wortes ›Lügenpresse‹ einem Großteil derjenigen, die ihn seit dem vergangenen Jahr skandierten und auf Transparenten trügen, wohl nicht bewusst sei, mache ihn zu einem besonders perfiden Mittel jener, die ihn gezielt einsetzten«, wurde die Chefin der »Unwort«-Jury zitiert. Das Copyright auf dieses Unwort hat nämlich Joseph Goebbels.

Lügenpresse hin und Perfidie her, Bündnistreue hin und Unterwerfung her: Es bleibt eine Tatsache, dass diese Reflexe an die Beziehungen von Knechten und Herrn vor anderthalbtausend Jahren im Frankenreich erinnern. *Vassus*, der Vasall, war als Freier seinem Schutzherrn zu Diensten jeglicher Art verpflichtet. Dazu gehörten insbesondere Kriegs- und Ratsdienste wie die Teilnahme an Versammlung der Vasallen unter dem Vorsitz des Feudalherren, aber auch die Zahlung von Lösegeld, wenn der Lehnsherr in Gefangenschaft geraten war. Der Schutzherr gewährte den Vasallen den Lebensunterhalt, sorgte für Nahrung, Kleidung und Bewaffnung. Außerdem vertrat er den Vasallen vor Gericht, der Vasall wiederum war Beisitzer im Gericht des Lehnsherrn, weiß *Wikipedia*. »Die Vasallität war eine personale Bindung, die mit dem Tode eines der beiden Partner endete.«

So weit sollte es in der Beziehung zwischen den USA und Deutschland bzw. Westeuropa nicht kommen. Wir sollten andere Formen einer vernünftigen Trennung in Erwägung ziehen.

Doppelmoral

*Eine Gesellschaft ohne Doppelmoral
kann es natürlich gar nicht geben.*

Die Zeit, 4. Juli 2020

Unsere Gesellschaft, die man heute wieder so nennen
darf, was sie immer war, nämlich kapitalistisch, besitzt
neben anderen Übeln auch eines, das von vielen möglicherweise gar nicht wahrgenommen wird. Das ist die
Doppelmoral. Sie begann nicht erst damit, dass es in
den neunziger Jahren verpönt war, vom Kapitalismus
zu sprechen. Wer es dennoch tat, unterlag gesellschaft-
licher Ächtung. Er wurde als Ewiggestriger an den Pran-
ger gestellt, er galt als unbelehrbares Fossil der Vergangenheit, in der den Menschen von den Kommunisten
der Klassenkampf eingeredet worden sei. Den gab es
nämlich gar nicht. Alle Menschen waren Brüder und
lebten glücklich und zufrieden in der sozialen Marktwirtschaft, wie sie Ludwig Erhard ersonnen hatte.

Ich gebe zu, dass auch ich damals für seine Überlegungen über den »Wohlstand für alle« empfänglich war.
Sie klangen vernünftig. Der Wettbewerb – nicht Kon-
kurrenzkampf – sollte den Wohlstand aller mehren und
dadurch die soziale Kluft zwischen einer vermögenden
Oberschicht und der bescheiden lebenden Unterschicht
schließen. Mehr Leistung sollte jedermann den Aufstieg
in der patriarchalischen Gesellschaft sichern.

Ich erinnere mich in diesem Kontext heute heiter einer der Losungen aus den Tagen sozialistischen Wettbewerbs. Sie wurde auch zum X. Parteitag der SED 1981 plakatiert. »Ich leiste was! Ich leiste mir was.« Und darüber war die hymnische, aber holprige Zeile gesetzt: »Fleiß ist des Glückes Vater.« Hätte man damals unseren Propagandisten eine geistige Nähe zu Ludwig Erhard nachgesagt, wäre der Protest nicht minder laut ausgefallen als in den neunziger Jahren. Wer nämlich damals im Osten sagte: Der Kaiser ist nackt, das ist Kapitalismus, was über uns gekommen ist, wurde ideologisch rasiert wie wir Genossen einst im Parteilehrjahr.

Ludwig Erhards schöne Theorie, wie die Marktwirtschaft die Planwirtschaft überwinden und über diese triumphieren würde, erschien als logische Alternative zu dem, was wir bis dato erlebt hatten. Allerdings – das sollte mir jedoch erst später bewusst werden – hatte nicht allein die Planwirtschaft als solche zu unserem Fiasko geführt, sondern vor allem die zentralistische Weise, wie sie bei uns praktiziert worden war. Und darin waren wir, wie in allem, dem sowjetischen Modell gefolgt. Ulbricht hatte sich mit seinem in den sechziger Jahren entwickelten »Neuen Ökonomischen System der Planung und Leitung« davon abzusetzen begonnen. Er wollte reformieren, die Kommandowirtschaft überwinden. Doch das bekam ihm nicht gut: Ulbricht wurde mit Hilfe Honeckers 1970 gestürzt, Moskau duldete keine Alleingänge.

Auch darin unterscheidet sich Washington nicht, die westliche Führungsmacht verhält sich nicht anders. Das aber sollte ich erst später begreifen.

Nichts gegen Ludwig Erhard – unter den von ihm interpretierten Verhältnissen dachte er idealistisch. Aber die globalen Bedingungen waren so wenig ideal wie es die nationalen Voraussetzungen nicht waren. Dass Erhard bereits nach drei Jahren als Kanzler seinen Hut nehmen musste, war letztlich Folge realer kapitalistischer Krisen, die in seiner Theorie allenfalls peripher vorkamen. Schon bei Schumpeter und Marx war von zyklischen Krisen die Rede: Der Konjunktur, dem Aufschwung, folgt eine Phase der Stagnation, dann kommt der Abschwung, die Rezession, aufgrund von Überproduktion.

Wirtschaftskrisen – auch das eine Binsenweisheit wie die Tatsache, dass alle großen kapitalistischen Unternehmen »planen« – werden meist mit Hilfe von Kriegen überwunden. Die 1929 in den USA mit dem Börsencrash losgetretene Weltwirtschaftskrise zum Beispiel endete bekanntlich nicht mit dem »New Deal« von US-Präsident Roosevelt, sondern mit dem Zweiten Weltkrieg … Wie eben Präsident Selenskyj darauf baut, dass die von Oligarchen und der Korruption ruinierte und ausgeblutete Ukraine wieder vollständig vom Westen aufgebaut werde: »Der Wiederaufbau der Ukraine wird nach dem Ende der Kampfhandlungen das größte Wirtschaftsprojekt Europas.« (Selenskyj am 28. Dezember 2022 vor dem Parlament in Kiew)

Ludwig Erhard war kein Marxist, er war als Vater der sozialen Marktwirtschaft Idealist, vielleicht aber auch ein wenig naiv. Nach der Währungsreform 1948 erlebte der Westen jedenfalls während Erhards Kanzlerschaft seine zweite schwere Rezession mit hoher Arbeitslosigkeit. Die Kohle- und Stahlindustrie an Rhein und Ruhr befand sich in einer schweren Krise. Und nicht zuletzt war Erhard von dem Verbündeten USA fallengelassen, mindestens aber zum Abschuss freigegeben worden. Die Bundesrepublik zahlte für die Stationierung der Truppen der USA und Großbritanniens auf deutschem Boden (wie es auch die DDR gegenüber der Sowjetunion tun musste). Die 1949 getroffene Vereinbarung nannte sich Devisenausgleichsabkommen und betraf Leistungen und Lieferungen, etwa den Kauf militärischer Ausrüstungsgüter. Die Einkäufe in den US-Waffenschmieden erfolgten außerhalb des normalen Handelsverkehrs. Der ausgeschlafene Konrad Adenauer hatte als Kanzler in jene Vereinbarung mit den Amerikanern einen Haushaltsvorbehalt eingebaut: Wenn die Wirtschaftslage sich verschlechtern sollte, würde man eben auch weniger in die Rüstung stecken. Auch sein Bundesverteidigungsminister Franz Josef Strauß – ein brillanter Kenner historischer Zusammenhänge – hatte wiederholt in Gesprächen mit den Amerikanern den Devisenausgleich immer im Zusammenhang mit der Wirtschafts- und Haushaltslage der Bundesrepublik angesprochen. Strauß war zwar ein kalter Krieger, aber auch ein korrekter Rechner und kein ideologisch getriebener Hasardeur.

Der Transatlantiker Ludwig Erhard hingegen hatte als Kanzler nichts Eiligeres zu tun, als diesen Vorbehalt zu kippen: Er verpflichtete sich, d. h. die Bundesrepublik Deutschland, im Mai 1964 gegenüber den USA zur *vorbehaltlosen* Zahlung. (So klang Jahrzehnte später die *uneingeschränkte Solidarität.*)

Aufgrund ihres barbarischen Krieges in Vietnam brauchten die Amerikaner das deutsche Geld – aber die Bundesregierung hatte wegen der nationalen Wirtschaftskrise objektiv Probleme, die Forderungen der Amerikaner fristgerecht zu bedienen. Erhard flog darum im September 1966 nach Washington, um US-Präsident Lyndon B. Johnson mit gebeugten Knien um Nachsicht und Stundung zu bitten. Es ging um zweieinhalb Milliarden D-Mark. Doch die Amerikaner ließen den deutschen Bundeskanzler eiskalt abblitzen. Das sollte schon wenige Wochen später zum Sturz von Ludwig Erhard führen. »Der Eklat bezeichnete einen Tiefpunkt in den deutsch-amerikanischen Beziehungen. Erstmals seit dem Zweiten Weltkrieg kamen in Washington Zweifel auf über die ›Leistungsfähigkeit und Leistungswilligkeit‹ der bis dahin als Musterschüler geltenden Bundesrepublik, ›den USA die Entlastung auf politischem, wirtschaftlichem und auf dem Sicherheitsgebiet zu geben‹«, zitierte der Historiker Harald Rosenbach 1998 in den *Vierteljahresheften für Zeitgeschichte* den seinerzeitigen deutschen Botschafter Knappstein.

»Die von den USA erhobenen Forderungen nach einem höheren militärischen und finanziellen Beitrag der Bundesrepublik erfuhren durch die Eskalation der Berlin-Krise im Sommer eine dramatische Rechtfertigung: Am 25. Juli 1961, wenige Wochen vor dem Bau der Berliner Mauer (*!* – *W.B.*), kündigte Präsident John F. Kennedy in einer Rundfunk- und Fernsehansprache eine Erhöhung des Verteidigungshaushalts an und appellierte in diesem Zusammenhang an die Opferbereitschaft und Einigkeit des Westens«, schrieb Rosenbach an anderer Stelle seines Beitrages von 1998.

Diese hohle Phrase von »Opferbereitschaft und Einigkeit des Westens« begleitet uns bis heute. Die gegenwärtigen Querelen wegen der von den USA eingeforderten Erhöhungen der gemeinsamen Verteidigungsanstrengungen sind darum nichts Neues.

Aber wer weiß das noch? Geschichte wird absichtsvoll verdrängt, sie besteht aus Bildern, Stereotypen und Verkürzungen. Wie man sich nicht der Vorgeschichte des Krieges in der Ukraine erinnern mag, wird auch kaum an Maßlosigkeit und Anmaßung früherer US-Präsidenten erinnert. Bevor nämlich US-Präsident Johnson dem deutschen Bundeskanzler Erhard den Mittelfinger zeigte, bat schon sein Vorgänger im Weißen Haus den Vasallen aus Old Europe zur Kasse.

US-Präsident John F. Kennedy hatte am 15. November 1962 Kanzler Adenauer ein Memorandum mit der Forderung überreicht, die Bundesrepublik möge ihren Verteidigungsetat für die Jahre 1962/63 um je zwei Milliarden DM erhöhen, da sie sonst nicht ihren NATO-Verpflichtungen nachkommen könne. Gleichzeitig wies Kennedy auf Rückstände bei der Abwicklung des Devisenausgleichs hin. Eine reichliche Woche später, am 24. November, traf in Bonn im Kanzleramt ein weiteres Schreiben des US-Präsidenten ein. Darin wurde höchst undiplomatisch die bereits im Memorandum geforderte vollständige Erfüllung des Devisenausgleichsabkommens angemahnt und in schroffem Ton die »sofortige zusätzliche Bewilligung von zwei Milliarden DM für das Verteidigungsbudget von 1962 und eine vergleichbare zusätzliche Summe für das Budget 1963« eingefordert. Unmissverständlich drohte John F. Kennedy, dass eine »Nichterfüllung oder eine nicht termingemäße Begleichung [. . .] mit Sicherheit zu einer schweren Belastung des deutsch-amerikanischen Verhältnisses führen« würde. Die Bundesregierung kuschte und erhöhte umgehend die Rüstungsausgaben von 11,2 Milliarden DM (1961) auf 16,1 Milliarden (1962). Die *Frankfurter Allgemeine Zeitung* schrieb nach entsprechender Mitteilung aus Bonn, dass die Erhöhung mit den verstärkten Verteidigungsanstrengungen im Zuge der Berlin-Krise erforderlich geworden sei. Das war natürlich nicht die Wahrheit.

Im März 1964 – seit einem knappen halben Jahr Bundeskanzler – erhielt Erhard die nächste Mahnung von Kennedys Nachfolger Johnson. Im Mai 1964 verpflichtete sich Bonn, die durch die Stationierung von sechs amerikanischen Divisionen in der Bundesrepublik verursachten Devisenverluste in Höhe von etwa 1,35 Milliarden US-Dollar jährlich durch militärische Einkäufe in den USA in gleicher Höhe auszugleichen.

So zog sich dieses Fordern und Drohen der Führungsmacht des Westens über Jahrzehnte hin (regelmäßig wurde u. a. der Abzug von US-Soldaten aus Deutschland und Europa angekündigt). Dem französischen Präsidenten de Gaulle war das alles zu blöd, am 1. Juli 1966 trat das souveräne Frankreich aus der militärischen Integration der NATO aus. Doch in der Bundesrepublik reagierte man stets wie ein gehorsamer Schuljunge. Wenn ein US-Präsident – zuletzt Trump –

mit dem Abzug von Soldaten drohte, klapperten angstvoll die Zähne in Ministerien und Medienhäusern (als wenn die Amerikaner ihren Brückenkopf in Europa jemals freiwillig räumen würden, ein Witz). Und wenn die USA eine Aufstockung des Rüstungsetats um zwei Prozent vom Bruttoinlandsprodukt (BIP) fordern, wird die Hand gehorsam an die Hosennaht gelegt.

Oskar Lafontaine, einst SPD-Vorsitzender und Finanzminister in einer rotgrünen Koalition, hatte sich immer wieder kritisch zu dieser transatlantischen Nibelungentreue geäußert. Drei Essays, die Ende 2022 als Büchlein erschienen, betitelte er mit »Ami, it's time to go! Plädoyer für die Selbstbehauptung Europas«.

In den fünfziger Jahren war das in der DDR eine gängige Losung, die selbst von Billy Wilder im Film »Eins, Zwei, Drei« parodiert wurde: Auf einem an einem Motorrad hängenden Ballon konnte man lesen: »Yankee go home«. Die Komödie floppte leider und gewann erst Jahre später Kultstatus: Gedreht hatte man in Berlin, u. a. am offenen Brandenburger Tor. Als der Film jedoch Premiere hatte, stand dort inzwischen eine Mauer. Da war nicht nur den Berlinern das Lachen vergangen.

Ami, it's time to go: Lafontaine kritisierte darin schärfer als bisher die deutsche Außen- und Sicherheitspolitik, der Politikwissenschaftler Heinz Niemann interpretierte Lafontaines Philippika als »ein leidenschaftliches Statement gegen skrupellose Doppelmoral«. Er fürchte, so Niemann, nicht den Beifall aus der falschen Ecke (allerdings sucht Oskar Lafontaine ihn auch nicht. Das wird ihm lediglich unterstellt, um ihn damit zu diffamieren). Der Ex-Politiker erklärte bereits im Sommer 2022 in der *Berliner Zeitung*, was im Buch wiederholt wurde: »Deutschland ist kein souveränes Land.« Der »Napoleon von der Saar« erinnerte an Charles de Gaulle von der Seine, der keine NATO-, sprich US-Einrichtungen auf französischem Boden haben wollte und sie 1966 von dort verbannte. Ein Land, so de Gaulle, muss über Krieg oder Frieden selbst entscheiden können. (Sein Nachfolger Macron hielt die NATO für »hirntot«.) Lafontaine: »Dass Deutschland kein souveränes Land ist, wurde wieder deutlich, als US-Kriegsminister Lloyd Austin in Ramstein zu einer Konferenz einlud, in der die Vasallenstaaten ihren Beitrag zum Ukraine-Krieg liefern mussten. Selbstverständlich beanspruchen die USA auch die Entscheidung darüber, ob ein Land wie Deutschland eine Energieversorgungsleitung wie Nord Stream 2 in Betrieb nehmen darf.«

Die US-Airbase in Ramstein ist für die Kriegführung der USA im Vorderen Orient, in Afrika und in der Ukraine unverzichtbar. »Daher ist Deutschland, wenn die Amerikaner Kriege führen, immer Kriegspartei, ob es will oder nicht.« Der 1951 bei Kaiserslautern angelegte Luftwaffenstützpunkt der Amerikaner ist Hauptumschlagplatz für Material, Soldaten und Treibstoff. Auch für Evakuierungsflüge wird der Flughafen regelmäßig genutzt. Verletzte werden im nahen *Landstuhl Regional Medical Center* behandelt – es ist das größte US-Krankenhaus außerhalb der USA.

Ramstein: Das sind 1.400 Hektar exterritoriales Gelände mit ständig stationierten 8.400 US-Soldaten. Die

Tatsache, dass der US-Verteidigungsminister im April 2022 Militärs und Politiker aus vierzig Ländern zu einem Treffen einlud (im September wiederholte er diese Übung, im Januar 2023 erneut), offenbarte auf bestechende Weise, wer hier Herr im deutschen Hause ist. Daran scheint sich schon niemand mehr zu stören. Der *SWR* gab allenfalls zu bedenken: »Allerdings hat der US-Militärflughafen im Ukraine-Krieg auch eine Symbolwirkung. Ramstein gilt als die zentrale Schaltstelle der NATO in diesem Krieg.«

Lafontaine hingegen stellte die richtige Frage: »Wie lange wird es dauern, bis Deutschland nach all den Erfahrungen der letzten Jahrzehnte endlich begreift, dass es seine Sicherheit selbst in die Hand nehmen und sich von den USA unabhängig machen muss?«

Er konstatierte verärgert – und Lafontaines Unmut teile ich: »Aktuell ist eine die Interessen Deutschlands in den Vordergrund rückende Außenpolitik noch nicht mal im Ansatz zu erkennen. Die führenden Politiker der Ampel – Scholz, Baerbock, Habeck und Lindner – sind treue US-Vasallen.« Die Grünen, die aus der deutschen Friedensbewegung kamen, hätten sich »zur schlimmsten Kriegspartei im deutschen Bundestag gewandelt«, und die Bemerkung der grünen Bundesaußenministerien, wir sollten »Russland ruinieren«, sei fast schon »faschistoid«.

Lafontaines nüchternes Fazit: »Die deutsche Außenpolitik schadet den Interessen unseres Landes und ist kein Beitrag zum Frieden in Europa. Sie braucht eine völlige Neuorientierung.«

Und in welche Richtung denkt er?

»Europa muss sich von den Vereinigten Staaten abkoppeln und eine vermittelnde Funktion zwischen den rivalisierenden Weltmächten einnehmen. Deutschland und Frankreich zusammen haben das Potential, eine eigenständige europäische Außen- und Sicherheitspolitik aufzubauen. Es ist höchste Zeit, damit zu beginnen.«

Lafontaine spitzte am Ende seines Gastbeitrages für die *Berliner Zeitung* noch einmal dramatisch zu: »Die Fortsetzung der aktuellen Politik hingegen führt zu einer Verarmung großer Teile der Bevölkerung, zerstört ganze Branchen der deutschen Industrie und setzt Deutschland der Gefahr aus, in einen Atomkrieg verwickelt zu werden.«

Dem muss ich nichts hinzufügen.

Die doppelbödige Moral der christlich-abendländischen Kultur, diese Bigotterie, findet sich schon in der Bibel. König David schlief mit der Frau eines seiner Söldner, obwohl Ehebruch verboten war, und ließ diesen Uria dann ermorden, weil der sich geweigert hatte, der Schwangerschaft Bathsebas einen ehelichen Anstrich zu geben. Die Überlieferung bereicherte die Kulturgeschichte um den Begriff »Uriasbrief« – so genannt das Schreiben, das König David Uria an die Front für dessen Kommandeur Joab mitgab, darin der Befehl, Uria zu beseitigen – und um etliche Gemälde, Bücher und Filme, die sich mit Bathseba beschäftigten.

Die Abstraktion dieser Erzählung, dieser Doppelmoral: Einerseits werden Verhaltensnormen bei anderen eingefordert, die man andererseits selbst nicht einzuhalten bereit ist. Diese Heuchelei zieht sich bis in die Gegenwart. Du sollst nicht ehebrechen, lautet das 6. Gebot der Christen – und denoch gibt es Prostitution, von der schon in der Bibel geredet wird. Und das 5. Gebot aus dem Alten Testament heißt: »Du sollst nicht töten.«

Auf den Koppelschlössern deutscher Soldaten, die zum Morden auszogen, stand: »Gott mit uns«. Im Ersten Weltkrieg umschlossen Spruch und Lorbeer die Krone, im Zweiten den Adler mit Hakenkreuz in den Fängen. Und heute schlagen Militärseelsorger das Kreuz über die glattrasierten Nacken von GIs und werden Kränze am Völkerschlachtdenkmal im sächsischen Leipzig zu Füßen des Heiligen Michael im Harnisch niedergelegt. Über dessen Haupt steht in meterhohen Lettern: »Gott mit uns.« Islamistische Selbstmordattentäter sprengen sich mit dem Ruf »Allahu akbar« in die Luft, Putin bekreuzigt sich medienwirksam in der Moskauer Christus-Erlöser-Kirche und der Katholik Biden betet, wie auch schon seine Vorgänger fromme Bilder in der Kirche produzierten. Trump ließ im Mai 2020 auf friedliche Demonstranten vor dem Weißen Haus Tränengas feuern, um sie zu vertreiben und sich vor der nahen St.-Johns-Church mit einer Bibel in der Hand fotografieren zu lassen …

Was für eine perverse, bigotte Welt.

Wir erregen uns über die Rodung des Regenwaldes und kaufen fröhlich die Produkte, die dadurch entstehen: von Tropenholz bis Soja und die damit gemästeten Rinder. Wir bekämpfen energisch den Feinstaub, der aus Dieselmotoren kommt, und produzieren zu Silvester mit Böllern und Raketen bundesweit in wenigen

Stunden einige tausend Tonnen davon (2019: 4.500). Das entspricht etwa 15,5 Prozent der Menge, die pro Jahr *alle* Autos in Deutschland zusammengenommen in die Luft blasen, vermeldete das Umweltbundesamt. Das Böllern wird dennoch nicht verboten, allenfalls werden Böllerverbotszonen eingerichtet. Verzicht solle freiwillig erfolgen – aber die Pyroindustrie hofft auf 120 Millionen Euro Umsatz. Die darf so wenig bevormundet werden wie die Tabakindustrie und die Spirituosenhersteller.

Was für eine verlogene Wirtschaft.

Die ganze westliche Welt erregte sich über »Nippelgate«, als bei ihrem Auftritt in der Halbzeitpause des Super Bowl 2004 für einen kurzen Augenblick bei einer ruckartigen Bewegung die rechte Brust der Sängerin Janet Jackson zu sehen war. Mehr als eine halbe Millionen Anrufer beschwerten sich wegen der »unsittlichen Entblößung« bei der US-Rundfunkaufsichtsbehörde. Der Fernsehsender musste 3,5 Millionen Dollar Bußgeld an die Behörde zahlen, Jackson kam auf eine Schwarze Liste – ihre Songs und Videos durften auf den reichweitenstärksten US-Medienkanälen nicht mehr gezeigt werden.

Mir ist nicht zu Ohren gekommen, dass eine halbe Million gottesfürchtiger Amerikaner etwa gegen die Vergewaltigung afghanischer oder irakischer Frauen durch US-Soldaten protestiert hätten. Oder der eigenen Kameradinnen. »Die US-Armee ist der größte Feind der eigenen Soldatinnen. Jede Dritte wird während ihrer Dienstzeit sexuell belästigt oder vergewaltigt«, schrieb der *Stern* im April 2017. Man gehe von etwa zwanzigtausend aus.

Im Jahr. Präsident Obama erklärte, dass »solche Verbrechen in der größten Armee der Welt keinen Platz« hätten. 210.000 Frauen arbeiten und leben mit 1,2 Millionen Männern in den US-Streitkräften.

Viel wurde seither geredet in Anhörungen des Senats, in Ausschüssen der Armee, beim Pentagon. Doch das Ausmaß sexueller Gewalt ist heute noch so erschreckend hoch wie damals, schrieb die Illustrierte.

Was ist das für eine Gesellschaft? Welche Moral gilt dort? Und mit welchem Recht meint sie, den anderen Völkern diese ihre Moral predigen zu dürfen?

Der religiöse Fundamentalismus in den USA ist nicht so weit entfernt von dem Fundamentalismus der Russisch-Orthodoxen Kirche (ROK), die seit dem Ende der Sowjetunion von 44 auf heute 78 Prozent der Bevölkerung gewachsen ist.

Oberhaupt ist Kyrill I. (Wladimir M. Gundjajew), Patriarch von Moskau und der ganzen Rus seit 2009. Der von ihm in seiner Kirche durchgesetzte Wertekanon fällt noch hinter die Zeit der Aufklärung zurück. »Die traditionellen Werte des heiligen Russland haben Vorrang vor dem Konzept allgemeingültiger Menschenrechte. Russland befindet sich im Kriegszustand mit dem Westen«, wird er von Kirchenkritikern hierzulande zitiert. Laut Kyrill kämpft in der Ukraine das Volk Christi einen heiligen Krieg um die Werte der Orthodoxie gegen den moralisch verkommenen Westen mit Internet, Homo-Ehe und Leben in Überfluss und Verschwendung …

Und das sagt ausgerechnet ein Mann, dessen Privatvermögen auf rund vier Milliarden Dollar geschätzt wird.

Bei einem Gottesdienst am 25. September 2022 versicherte Kyrill den russischen Soldaten, dass ihnen im Falle ihres Todes alle Sünden vergeben würden, da der Tod »bei der Erfüllung der militärischen Pflichten« mit dem Opfertod Jesu am Kreuz zu vergleichen sei.

Das Reich des Bösen findet sich immer auf der jeweils anderen Seite.

Demontage

Das Grundvertrauen ist die Bedingung für eine freiheitliche Gesellschaft. Wenn das nicht mehr stimmt und ich jedem mit Argwohn begegnen muss, dann sind wir nicht frei.

Paul Kirchhof
in einem Interview mit der katholischen *Tagespost*, 7. Dezember 2022,
nach Antritt einer Gastprofessur der Joseph Ratzinger/
Papst Benedikt Stiftung an der Universität Regensburg

Vorm Weihnachtsfest 2022, im Hintergrund war eine geschmückte Tanne auf dem Foto zu erkennen, gab Pierre de Gaulle der Leiterin der Vereinigung »L'Association Dialogue Franco-Russe« ein Interview. Nicht die Tatsache, dass der als Unternehmensberater tätige Enkel von General Charles de Gaulle Rede und Antwort stand, schlug mediale Wellen, sondern was der Mittsiebziger von sich gab.

Franzosen und Russen verbindet die Waffenbrüderschaft in der Antihitlerkoalition stärker als Napoleons Waffengang gen Moskau; vorm Hotel Cosmos in der russischen Hauptstadt steht seit 2005 eine Statue des Präsidenten der 5. Republik auf einem achtzehn Meter hohen Sockel – in Paris heißt ein Platz »Place de la Bataille-de-Stalingrad«, und die Metro-Station darunter seit 1946 und noch immer: »Stalingrad«. Auch wenn niemand mehr darüber spricht: Ohne die Intervention der Russen wären die Franzosen nie zur Konferenz der Großen Drei in Potsdam hinzugebeten worden (in Teheran und Jalta waren sie schließlich auch nicht dabei). Natürlich wollte Stalin mit dem amerikanischen Präsidenten und dem britischen Premier nicht allein konferieren, und er konnte sich der Dankbarkeit Frankreichs sicher sein, wenn er es zur vierten Siegermacht machte. Das war ein kluger, nachhaltiger politischer Schachzug von Uncle Joe.

Aus dieser Verbindung, dieser wechselseitige Zuneigung erklärte sich in der Vergangenheit, auch in der Hochzeit des Kalten Krieges, manche Wortmeldung aus Paris oder Moskau, die bisweilen für Verwunderung und Erstaunen sorgte. So eben auch Aussagen in diesem Enkel-Interview.

Mit Verweis auf seinen Großvater (»Da Russland eines der Länder war, die zusammen mit Frankreich auf der Seite der Sieger gegen die Nazi-Besatzer standen, war mein Großvater stets bemüht, diese Beziehung zu Russland immer, immer zu bewahren«) ging Pierre de Gaulle auch auf den aktuellen Umgang des Westens mit Russland ein. Für die Stabilität Europas sei damals wie heute ein politisches Gleichgewicht von entscheidender Bedeutung gewesen. Die »Ukraine-Krise« aber werde genutzt, um den Kontinent zu destabilisieren. »Ich empöre mich und ich protestiere gegen diese intellektuelle Unehrlichkeit in der Ukraine-Krise, denn die Kriegsauslöser sind die Amerikaner und die NATO.«

Auf die mit 11.000 bezifferten Strafmaßnahmen gegen Russland eingehend, stellte Pierre de Gaulle fest:

»Das Ausmaß, die Anzahl und die Tiefe der Sanktionen zeigen, dass dies alles sehr lange im Voraus organisiert wurde und dass es sich in Wirklichkeit auch um einen Wirtschaftskrieg handelt, von dem die Amerikaner profitieren. Die Amerikaner verkaufen ihr Gas vier- bis siebenmal teurer an die Europäer als sie es für ihr eigenes Land tun, und leider leidet in Europa jetzt jeder in seinem Alltag darunter, denn all dies führt zu einer Wirtschafts- und Finanzkrise, die absolut beispiellos ist. Und man sagt: ›Das ist die Schuld der Russen!‹«

Nicht zum ersten Mal stellte sich ein prominenter Franzose gegen die von den USA geführte NATO und deren Politik, und nicht zum ersten Mal wurde dies in den deutschen Medien nicht wahrgenommen.

Pierre de Gaulle, der nicht nur wegen der auffällig großen Nase seinem Großvater ähnelt, erinnerte auch an dessen Formel »L'Europe des Nations«, an das Europa der Nationen. Unter diesem Dach sollten die Staaten wirtschaftlich und politisch zusammenarbeiten, und dennoch behielte jede Nation ihre politische Autonomie und ihre Entscheidungsfreiheit.

Nun, diese Idee blieb wie Gorbatschows europäisches Haus eine Utopie.

Von dieser Vorstellung verabschiedete sich auch der grüne Transatlantiker Joschka Fischer, einst als Außenminister maßgeblich dafür verantwortlich, dass Deutschland 1999 erstmals nach dem Zweiten Weltkrieg wieder zu den Waffen griff. Er prognostizierte für die »westliche Welt« in einem 2018 erschienenen Buch einen lang andauernden inneren Konflikt »zwischen Nationalisten und Internationalisten, zwischen Vergangenheit und Zukunft, zwischen Verteidigung des Status quo oder dem Mut zur Neugestaltung des alten Westens unter den neuen Bedingungen des 21. Jahrhunderts«. Wie er die Chancen dafür bewertete, machte bereits der Titel seiner Publikation deutlich: »Der Abstieg des Westens: Europa in der neuen Weltordnung des 21. Jahrhunderts.«

Zwar hätten die »Neonationalisten« nach seiner Überzeugung »nicht viel mehr zu bieten als die Ängste vor der Zukunft und die Sehnsucht nach einer kleinräumigen, überschaubaren Idylle à la Astrid Lindgrens Bullerbü, die Europa aber niemals war«. Dennoch sei der Ausgang der Auseinandersetzung ungewiss.

Das sehe ich ähnlich. (Ohne zwei Dinge in diesem Zusammenhang verschwiegen zu haben. Erstens hat für unsereinen »Internationalist« eine andere Bedeutung als die von Fischer gedachte – er meinte die Globalisierungsbefürworter. Und zweitens lehne ich Krieg grundsätzlich und vehement ab, wie mir auch jede Kriegshetze, Kriegstreiberei und -vorbereitung zuwider ist! Deren Protagonisten inklusive.)

Drei wirtschaftliche und militärische Großmächte – USA, China und Russland – kämpfen mehr oder minder offen um die Durchsetzung der eigenen Interessen, und das meist auf Kosten und zu Lasten anderer Staaten. Die vierte »Großmacht«, die Europäische Union, könnte sich behaupten, so Fischer, wenn sie willens und fähig wäre, ihre eigenen Interessen zu artikulieren und auch zu vertreten. Nicht als Vasall oder Anhängsel anderer Großmächte. Sondern als deren Partner – einschließlich Russlands. Ja, irgendwann wird man auch mit Moskau wieder reden müssen. Die Zerschlagung des Landes in ein Dutzend Staaten, wovon einige Falken in Washington träumen, wird nicht gelingen.

Der Abstieg des Westens, auch da irrte Fischer nicht, begann im Augenblick seines scheinbar größten Triumphes – als die Sowjetunion unterging und damit die bipolare Weltordnung. Die alleinige Supermacht USA »reagierte triumphalistisch« und zeigte sich »ganz offensichtlich überfordert. Es fehlte das externe Gegengewicht.«

Da argumentiert Fischer wie Putin, der 2005 das Verschwinden des »externen Gegengewichts«, den Untergang der Sowjetunion, als die größte geopolitische Katastrophe des 20. Jahrhunderts« bezeichnet hatte.

Aber hat dieses Europa mit seinem strukturellen Zukunftsdefizit – der Überalterung der Gesellschaft – überhaupt eine Perspektive? 1950 lebten in der westlichen Welt (Nordamerika und Westeuropa) etwa zweieinhalb Milliarden Menschen, das entsprach etwa 28 Prozent der Weltbevölkerung. Im Jahr 2015 waren das nur noch knapp 15 Prozent – die Weltbevölkerung war auf siebeneinhalb Milliarden Menschen gewachsen. In der Mitte dieses Jahrhunderts werden – sofern Kriege, Seuchen und/oder Naturkatastrophen diese Prognosen nicht über den Haufen werfen – knapp zehn Milliarden Menschen auf der Erde leben. Davon im transatlantischen Westen keine zwölf Prozent. Die Welt wird überall jünger und damit dynamischer – nur nicht bei uns.

»Der Reichtum des gegenwärtigen Europas ist historisch gewachsen und kann auch wieder vergehen, wenn sich die Europäer nicht anstrengen, ihn zu bewahren«, meinte Fischer.

Diese Anstrengungen sehe ich allerdings nicht.

Es ist heutzutage üblich, dass die Erscheinungen meist nur beschrieben werden – zu deren Wesen, also den Ursachen, dringt man selten vor. Der Analyse zieht man das Dramatisieren und Skandalisieren vor. Empörung und Emotion anstelle von nüchterner Untersuchung. Ja, an der Klimakrise sind die fossilen Brennstoffe beteiligt, die vielen Autos mit Verbrennermotoren. Aber auch das sind letztlich nur Folgeerscheinungen. Der Wahnsinn beginnt mit der Produktion. Abstrakt: Die Ursache für die Katastrophe war, ist und bleibt die kapitalistische, auf Profit und Wachstum orientierte Produktionsweise. Um wirtschaftliches Wachstum zu generieren, müssen Verbraucherbedürfnisse, also der Konsum, gesteigert werden. Und dabei werden zugleich die Lebensgrundlagen der Produzenten wie der Konsumenten zerstört. Zu dieser Einsicht gelangen immer mehr Menschen. Der britische *Economist*, die seit 1843 erscheinende internationale Wochenzeitschrift, meinte schon 2019, dass der Sozialismus im Eiltempo zurückkehre, weil er treffend kritisiere, was in den westlichen Gesellschaften schief laufe.

Die neue Vitalität des Sozialismus sei bemerkenswert, bemerkte das Blatt. Tony Blair und Bill Clinton, die Führer Großbritanniens und der USA, behaupteten seinerzeit, zwischen Staat und Markt einen »dritten

Weg« gefunden zu haben. Dieser Weg habe sich, wie man jetzt feststelle, als gefährliche Sackgasse erwiesen. »Bei den Vorwahlen 2016 stimmten mehr junge Leute für Bernie Sanders als für Hillary Clinton und Donald Trump zusammen«, so *The Economist* 2019, um zu zeigen, dass der Neoliberalismus am Ende sei, weil sich die nachwachsenden Generation von deren politischen Exponenten abwenden würden. »Bei den französischen Präsidentschaftswahlen 2017 stimmte fast ein Drittel der Wähler unter 24 Jahren für den Kandidaten, der am weitesten links stand.«

Aber ich sehe nirgendwo demokratische Bewegungen und Persönlichkeiten, die diesen Unmut aufgriffen und nachhaltig kanalisierten, um ihn in politische (wirtschaftliche, ökologische, soziale) Münze zu verwandeln. Zumindest sehe ich keine Kraft. Mir geht es da so wie dem Dresdner Kabarettisten Wolfgang Schaller, der von 1970 bis 2017 auf den Brettern der *Herkuleskeule* stand. In einem Beitrag äußerte er sich als Jesus. »Es hat sich viel verändert in eurem Land. Die Leute gehen nicht mehr in die Kirchentempel, sondern in die Konsumtempel«, erklärte er kopfschüttelnd. »Früher habe ich aus zwei Broten und einem Glas Wein eine ganze Hochzeitsfeier gezaubert. Kohl, Merkel und Scholz zauberten aus drei Gurken und drei Pflaumen ein ganzes Kabinett …«

Nun, wir erinnern uns noch gern des Schlagabtauschs der beiden bürgerlichen Regierungsparteien im Jahr 2010, als es im warmen Frühsommer zwischen CSU und FDP ziemlich hitzig zuging. »Gurkentruppe« nannte CSU-Generalsekretär Dobrindt die Liberalen, worauf die FDP-Führung zurückkachelte: Die CSU benehme sich wie eine Wildsau.

Neben Gurken und wilden Sauen gab es auch noch andere Spezies, die beispielsweise verlangten, dass man seine Steuerabrechnung auf einem Bierdeckel unterbringen könne. So einfach, so simpel. »Es war ein Heilsversprechen – einleuchtend, leicht zu verstehen, mit großer Wirkung«, meinte die *Sächsische Zeitung* zu dieser Schnapsidee fünfzehn Jahre später, nachdem sie 2003 im Bundestag vom CDU-Abgeordneten Friedrich Merz ausgesprochen worden war.

Die Idee bestand darin, die meisten Steuervergünstigungen, Ausnahmen, Freibeträge etc. abzuschaffen und den allmählich ansteigenden Steuertarif durch drei klare Stufen zu ersetzen: zwölf Prozent Einkommensteuer bis 16.000 Euro, 24 Prozent bis 40.000 Euro, darüber 36 Prozent.

Das Deutsche Institut für Wirtschaftsforschung (DIW) in Berlin rechnete damals aus, was das bedeuten würde. Etwa zwei Drittel der bundesdeutschen Steuerzahler müssten weniger Abgaben entrichten als vorher. Leute mit kleinen Einkommen sparten ein paar Hundert Euro pro Jahr – Haushalte mit mittleren und höheren Gehältern (bis 250.000) dagegen einige Tausend.

Das Konzept von Joachim-Friedrich Martin Josef Merz – zu jener Zeit auch Anwalt in einer Kölner Kanzlei – wurde nie verwirklicht. Aber der Bierdeckel, den er damals demonstrativ bekritzelte, liegt in einer Vitrine im Bonner Haus der Geschichte neben dem Spickzettel von Nationaltorhüter Jens Lehmann, den dieser bei der

Fußball-WM 2006 beim Elfmeterschießen gegen Argentinien vom Trainer zugesteckt bekam. Darauf sei er stolz, sagte Merz dem *Merkur* im Sommer 2020, als er um den Parteivorsitz in der CDU kämpfte – wenngleich, wie schon andere zuvor bemerkt hatten, die Rechnung darauf falsch gewesen sei.

Etwa zur gleichen Zeit machte sich auch der ehemalige Verfassungsrichter Paul Kirchhof seine Gedanken über eine Reform des Steuersystems. Sein Plädoyer für ein neues Steuerrecht (»klar, verständlich, gerecht«) erschien 2004 unter dem provokanten Titel »Der sanfte Verlust der Freiheit«. Der erinnerte mehr an eine polithistorische Abhandlung als an ein juristisch-ökonomisches Plädoyer für ein neues Steuersystem.

Das deutsche Steuersystem habe zu viele Ausnahmen, zu viele Sondervergünstigungen, zu viele Einzelbelastungen, ein Zuviel an Lenkung, meinte Kirchhof. Als Beispiele nannte er die sogenannte Ökosteuer, die die Benutzung des Kraftfahrzeugs einschränken würde, die Tabaksteuer, die den gesundheitsschädlichen Zigarettenkonsum bremsen, gleichzeitig aber dem Finanzminister die Kassen füllen solle, die Subventionierung des Eigenheimbaus, mit der die Schaffung von Wohnraum gefördert werden solle – alles Maßnahmen, die verhaltenslenkend wirken. Eine Verhaltenslenkung aber stehe nach Kirchhofs Ansicht dem Steuergesetzgeber nicht zu. Der könne zwar Geld in Gestalt von Steuern fordern, aber habe nicht das Recht, auf diese Weise die Freiheit des Steuerzahlers zu beschneiden. Seine prägnante und von mir geteilte Formel lautete darum: Der

Staat ist gleichzeitig Garant und Gegner der Freiheit. Indem er die Freiheitsrechte sichert, sorgt er für den inneren und äußeren Frieden, aber mit seiner Hoheitsgewalt und Finanzmacht bedroht er gleichzeitig die individuellen Freiheiten. Etwa durch ein undurchschaubares Steuerrecht. »Wir müssen zu einem einfachen, verständlichen, gleichmäßigen und deshalb maßvollen Steuerrecht zurückkehren. Dies lässt sich für die Einkommensteuer und Körperschaftsteuer in einem schlanken, kurzen, in deutscher Sprache verfassten, allgemein verständlichen Gesetz mit nur 23 Paragrafen verwirklichen. Dem Bürger sind nicht mehr Vorschriften zuzumuten, als der zuständige Ministerialrat aktuell im Gedächtnis behalten kann«, postulierte Kirchhof. Die 31 Bundessteuern sollten auf vier reduziert werden – auf je eine Steuer: auf das Einkommen, den Umsatz, die Erbschaft und den Sonderverbrauch. Die über 70.000 Paragrafen des geltenden Rechts könnten um 69.600 vermindert werden.

Die Steuerberater brachte er damit gegen sich auf: Sie würden mehrheitlich arbeitslos werden, denn schließlich bestritten sie ihren Unterhalt damit, dass sie den von den Steuerzahlern kaum allein zu durchschreitenden Paragrafendschungel überwanden. Kirchhof weiter: Mit einem Spitzensteuersatz von 25 Prozent würde Deutschland zu einem »Niedrigsteuerstaat werden und einen Anreiz zur Investition in Kapital und Köpfe im Inland« bieten.

Der parteilose Verfassungs- und Steuerrechtler war 2005 als Finanzminister in der Merkel-Regierung vorgesehen. Aber:

»Es half nicht, dass Kirchhof volle Hallen hatte und der CDU-Mittelstand jubelte«, schrieb die *Frankfurter Allgemeine Zeitung* am 25. September 2021 (»Wie die Ära Merkel begann«). Kirchhofs Interviews waren »nicht wahlkampftauglich«, und als »Überzeugungstäter der reinen Lehre« sei er »nur begrenzt beratungsfähig« gewesen. Kirchhof wurde nicht Minister in der Großen Koalition unter Merkel, sein »Einkommensteuergesetzbuch« (EStGB) blieb eine fixe Idee.

Die Ablehnung wurde mit Hinweis auf die Erfahrungen mit einer Einheitssteuer in den baltischen Staaten, in Russland und der Ukraine, in der Slowakei, Serbien, Georgien und Rumänien begründet: Die Flat Tax war zwar einfach zu handhaben und brachte Geld ins Land, niedrige Sätze beförderten das Wirschaftswachstum, und die Abschaffung von Ausnahmen verhinderte Steuerbetrug – doch sie führte auch zu einer enormen sozialen Polarisierung. Für ausländische Investoren sei es gut, für die ärmere Bevölkerung, für Geringverdiener und Familien schlecht. Sie würden schließlich mit der angehobenen Mehrwertsteuer am stärksten belastet.

Gleichwohl: Die Steuerreform steht unverändert an. Wie eben auch vieles andere im Land reformiert, also verändert gehört. Ich sage nur: Verrate mir, wie viele Ressourcen und Finanzmittel dein Land für die Bildung ausgibt, und ich sage dir, welche Zukunft du zu erwarten hast …

Zukunft

Die Ungleichverteilung der Einkünfte
ist die Wurzel der sozialen Übel.
Ohne Hoffnung und ohne Chancengleichheit finden
Aggression und Krieg einen fruchtbaren Boden,
der früher oder später die Explosion verursacht.

Papst Franziskus
in seinem Lehrschreiben »Evangelii Gaudium«, 2016

Haben wir eine Zukunft? Ja, natürlich. Allerdings wissen wir nicht was für eine. In meiner zwischen Wut und Verzweiflung angesiedelten Stimmungslage ist nur noch wenig Raum für Fantasie und Optimismus. Der Zorn gilt im Wesentlichen der um sich greifenden Idiotie in den Schaltzentralen der Macht weltweit, insbesondere aber in unserem Lande. Ich bin kein erklärter Patriot, ich bekomme keine feuchten Augen, wenn Schwarzrotgold am Fahnenmast emporsteigt und das Deutschlandlied erklingt. Mir geht es so wie Gustav Heinemann, der – als Bundespräsident vom *Spiegel* nach seiner Vaterlandsliebe befragt – überzeugend erklärt hatte: »Ach was, ich liebe keine Staaten, ich liebe meine Frau, fertig.« Ich füge allenfalls noch hinzu: Ich liebe auch meine Familie.

Aber auch ohne Patriot zu sein erfüllt mich der Blick auf unser Land mit Zorn, ich bin ein Wutbürger in dem Sinne, dass ich die fortgesetzten Fehlentscheidungen in Politik und Wirtschaft deutlich sehe und mich darüber ärgere. Ich nöle nicht aus Prinzip, wie es mancher Zeitgenosse tut, ich kritisiere mit einiger Sachkenntnis. Ich war Politiker, ich war Unternehmer. Ich habe überall Staub gewischt und maße mir ein wenig Urteilskraft an. Das unterscheidet mich vielleicht von jenen, die Politikerschelte als Volkssport betreiben und meinen, alles besser zu wissen. Frustrierte Klugscheißer und verdrossene Wichtigtuer, Enttäuschte, Desillusionierte und Zukurzgekommene, rechte Querdenker und demoralisierte Schwurbler sind meine Weggefährten jedenfalls nicht. Selbst wenn ich manche Vorhaltung teile, weil sie begründet ist und weil auch für mich 2+2=4 ist.

Made in Germany war mal ein Qualitätszeugnis. Das hat sich erledigt, wie sich auch das erfolgreiche Wirtschaftsmodell Deutschland erledigt hat. Wir importierten Rohstoffe zu erschwinglichen Preisen, insbesondere aus Russland, veredelten sie, machten mit deutscher Ingenieurs- und Handwerkskunst Maschinen und Autos daraus, stellten hochwertige Chemieprodukte her und verkauften deutsche Erzeugnisse mit Gewinn in alle Welt. Wir waren Exportweltmeister, weil die Qualität der Produkte und Dienstleistungen hoch war und das Preis-Leistungs-Verhältnis stimmte. Das ist Geschichte, dieses Wirtschaftsmodell hat sich erledigt, weil wir unsere günstigen Rohstoffquellen selber verstopft haben. Es wird auch nie wieder zurückkehren. Tempi passati.

Dass wir dieses Modell opferten, war so wenig eine eigene freie Entscheidung wie beispielsweise der Entschluss, statt preiswertem Russengas fortan teures und noch umweltschädlicheres Frackinggas in den USA zu kaufen. Bei jeder Entscheidung aber gibt es verschiedene Optionen, nichts ist alternativlos. Zugegeben, wir sind von unseren »Verbündeten« nicht gefragt worden, ob man Nord Stream 1 und 2 sprengen oder ob man es sein lassen sollte – wir wurden einfach vor die Tatsache gestellt. Das nennt man die normative Kraft des Faktischen. Deutschland wird künftig nicht mehr der Verteiler von Erdgas in Zentraleuropa sein, nicht mehr das Drehkreuz für fossile Energie aus Russland. »It's done« soll Großbritanniens Kurzzeit-Premierministerin Liz Truss kurz nach den Explosionen an den wichtigen Versorgungssträngen am 26. September 2022 an US-Außenminister Antony Blinken als Textnachricht auf ihrem iPhone übermittelt haben. Was die bisherigen Embargodrohungen bei Nord Stream 2 nicht erreicht hatten, besorgten einige Zentner Sprengstoff in achtzig Meter Tiefe auf einer Länge von 250 Metern. US-Präsident Biden hatte bekanntlich beim Antrittsbesuch des Bundeskanzlers Anfang Februar 2022 in Washington auf der gemeinsamen Pressekonferenz unmissverständlich erklärt, im Falle einer russischen Invasion in der Ukraine »wird es kein Nord Stream 2 mehr geben. Wir werden dem ein Ende setzen.« Und auf die Nachfrage eines Journalisten, wie er das bewerkstelligen wolle, hatte der US-Präsident nebulös, aber prononciert geantwortet: »Ich verspreche Ihnen, dass wir es schaffen werden.«

Well, it was done – ein reichliches halbes Jahr später. Aber wer's besorgt hat: nobody knows it.

Die *New York Times* spekulierte in ihrer Weihnachts-
ausgabe 2022 über den oder die Täter und fragte natürlich, warum die bisherigen Ermittlungsergebnisse unter
der Decke gehalten und wie ein Staatsgeheimnis gehütet
würden. Im »größten Krimi-Mysterium der Moderne«
gebe es eine Reihe von Intrigen und mehrere Akteure mit
unterschiedlichen Motiven, die als Schuldige infrage
kämen, schrieb das Blatt. »Die Entscheidung der schwe-
dischen Regierung, Einzelheiten ihrer Ermittlungen vor
westlichen Verbündeten geheim zu halten, habe zu Spe-
kulationen geführt, dass die Ermittler den Fall vielleicht
geknackt hätten und aus strategischen Gründen schwei-
gen wollten.« Wobei ich glaube: Gäbe es auch nur den
geringsten Anhaltspunkt, dass es die Russen selber gewesen sind, hätte es die Welt schon längst erfahren, das Tri-
umphgeheul hätte den Kanonendonner in der Ukraine
um ein Mehrfaches übertroffen.

Deutschland hat sich mit seiner Politik »auf kurze
Sicht« ins Abseits manövriert, richtiger: manövrieren
lassen. Der Abstieg ist von außen maßgeblich beein-
flusst worden, und das aus strategischen Gründen: Die
Bundesrepublik Deutschland, eine der tragenden Säulen
der Europäischen Union, soll nachhaltig als wirtschaftlicher Konkurrent geschwächt werden (und mit ihr die
Europäische Union).

Ende 2022 veröffentliche das in Frankfurt am Main
ansässige Wirtschaftsprüfungsunternehmen Pricewater-
houseCoopers (PwC) seine jährliche Studie mit dem
Ranking der 100 wertvollsten Unternehmen. Der Wert
bemisst sich nicht an der Bedeutung der Gesellschaft für

die Menschheit, sondern an dem für die Aktionäre. Trotz Corona-Pandemie, Produktions- und Lieferkettenproblemen, Rohstoffverknappung und Energiepreissteigerungen wuchs der Gesamtwert der größten börsennotierten Unternehmen der Welt binnen Jahresfrist um elf Prozent und beträgt nunmehr 35,17 Billionen Dollar. (Nur zum Vergleich: Das Bruttoinlandsprodukt der USA liegt bei rund 23 Billionen, das der Volksrepublik China etwas über 20 Billionen und das deutsche BIP unter 4 Billionen Dollar. Die EU ohne Großbritannien kommt auf rund 15,5 Billionen Dollar.)

Bezeichnend – und einzig deshalb komme ich auf dieses auch in anderer Hinsicht sehr aufschlussreiche Ranking zu sprechen – ist die Tatsache, dass unter diesen 100 Firmen nur noch ein einziges deutsches Unternehmen vertreten ist: der Software-Konzern SAP, zudem abgerutscht von Rang 79 auf 93. Im Vorjahr waren bei den *Global Top 100* noch der Volkswagen-Konzern und Siemens vertreten – sie sind inzwischen aus diesem Kreis verschwunden.

Nicht minder erhellend, dass 63 der 100 Global Player aus den USA kommen (Wertzuwachs binnen Jahresfrist 18 Prozent – nunmehr knapp 25 Billionen Dollar.) Interessant die Interpretation von PwC: »Während der Gesamtwert der US-Unternehmen um 18 Prozent gestiegen ist, ist der der chinesischen Unternehmen im Ranking um 22 Prozent gesunken. Das könnte darauf hinweisen, dass die chinesischen Märkte an Reife und Liquidität gewinnen und sich zunehmend von den US-Märkten entkoppeln.« Als Standort eines Unternehmens gilt das Land oder die Region, in der sich der Hauptsitz befindet. Unter *Großraum China* fasst PwC die Volksrepublik sowie Hongkong und Taiwan zusammen, was auch logisch ist: Peking sieht Hongkong wie Taiwan als Teile Chinas. Und schließlich gehen zum Beispiel sechzig Prozent der taiwanesischen Chip-Produktion aufs Festland, weshalb bekanntlich die USA die in Taiwan produzierenden Firmen gern über den Pazifik locken möchte. Das aktuelle Kriegsgeschrei in dieser Region soll augenscheinlich den Wunsch nach Ortsveränderung bei den taiwanesischen Konzernleitungen verstärken.

»Europa droht zwischen den Blöcken zerrieben zu werden«, schrieb *Die Welt* im Dezember 2022. Mit den Blöcken meinte die Zeitung die USA und China. Im Unterschied zu Deutschland, wo man sich in Regierungskreisen allenfalls »besorgt« zeigt, redete Frankreichs Präsident Macron Klartext und monierte unmissverständlich den nationalistischen Kurs der Amerikaner. »Was die Regierung von US-Präsident Joe Biden harmlos *Inflation Reduction Act* (IRA) nennt, also ein Gesetz, um die hohen Teuerungsraten in den Griff zu bekommen, wird in Europa als Angriff auf die eigene Wirtschaft wahrgenommen. Frankreichs Präsident Emmanuel Macron bezeichnete das US-Gesetz als ›super aggressiv‹«, so *Die Welt*.

Frankreichs Präsident attackierte bei seinem Staatsbesuch in den USA Ende des Jahres 2022 nicht zum ersten Mal Washingtons »America First«-Wirtschaftspolitik vernehmlich und warnte Biden vor »Entscheidungen, die den Westen zersplittern werden«. Er tat dies selbstbewusst und natürlich in französischem Interesse (erinnert sei nur an den auf Betreiben der USA geplatzten U-Boot-Deal mit Australien). Aber er tat es auch für die duckmäuserische deutsche Regierung.

Beim Inflationsreduzierungs-Gesetz handelt es sich um ein gigantisches Programm zur Ankurbelung der US-Wirtschaft. Subventionen in Höhe von etwa 370 Milliarden Dollar sollen in US-Unternehmen gepumpt werden. Die Staatshilfe aber ist daran gekoppelt, dass die Produkte und Vorprodukte aus US-Produktion stammen müssen. Das heißt: Entweder ziehen die weltweit tätigen Konzerne nach Nordamerika und produzieren »Made in U.S.A.« – oder sie sind aus dem Geschäft. Bis 2024 sollen beispielsweise 40 Prozent der Batterien für Elektromobile aus Nordamerika oder von US-Freihandelspartnern stammen, bis Ende 2026 soll der Anteil auf 80 Prozent steigen.

Für die deutsche Wirtschaft ist Bidens Subventionspolitik dramatisch: Die USA sind mit einem Volumen von 115 Milliarden Euro mit Abstand die Nummer eins der deutschen Exportzielländer. Wenn dort nun alles selbst produziert werden soll, schrumpft zwangsläufig der Markt für deutsche Produkte.

Und nicht nur die Subventionspolitik ist für uns – für Deutschland und die deutsche Wirtschaft – dramatisch, auch die wachsende Militarisierung der Außenpolitik. Doch da regt sich kein Widerstand in der Berliner Führungsmannschaft, da ist niemand, der sich querlegt und den USA sagt: Wertegemeinschaft her oder hin – wir lassen uns nicht wie die Russen demütigen und wie die Chinesen schurigeln!

Das Gegenteil ist der Fall, man widerspricht nicht nur nicht, sondern trägt diese aggressive Politik mit, die nur einen einzigen Gewinner kennt.

Klaus von Dohnanyi monierte in seinem wiederholt schon zitierten Buch, »dass wir in Deutschland und in Europa nicht offen und mutig genug über die völlig unterschiedlichen Sicherheitsinteressen Europas und der USA debattiert haben«. Für ihn war eine entscheidende Erkenntnis: »Die Interessen Deutschlands, Europas und des sogenannten Westens lassen sich nicht mehr durch Drohungen wirtschaftlicher oder gar militärischer Maßnahmen verwirklichen. Wer heute, im Zeitalter globaler Vernetzung und universaler militärischer Bewaffnung, auf militärische Stärke setzt, setzt auf das falsche Pferd.«

Und ich folge ihm ebenfalls bei seiner Schlussfolgerung, dass das Militär für die Sicherheitspolitik »einen großen Teil seiner Bedeutung verloren« habe. »Zwischen den Interessen der Nationen können militärische Interventionen keine Option mehr sein.« Und weiter von Dohnanyi: Um in der globalen Konkurrenz zu bestehen, »bedürfen Deutschland und die Europäische Union nicht nur einer kräftigen wettbewerbsfähigen Wirtschaft, sondern auch der Mittel, negative Eingriffe in das Wirtschaftsgeschehen von außen abwehren zu können. Das gilt hinsichtlich politischer Eingriffe vonseiten der USA und für Deutschland auch hinsichtlich aller die unternehmerische Wettbewerbsfähigkeit behindernden Eingriffe aus Brüssel. Denn nicht Brüssel, wie wir doch nun wirklich gelernt haben sollten, kann ein wettbewerbsfähiges Europa bewahren oder wieder her-

beiführen: Nur die einzelnen europäischen Nationalstaaten werden dazu in der Lage sein. Nur wenn jeder
europäische Nationalstaat sein Haus in Ordnung
bringt, kann auch Ordnung in Europa sein.«

Deutschland muss Ordnung in seinem Hause schaffen, richtig. Mit der aktuellen Putzkolonne gelingt das
nach meiner Überzeugung so wenig wie mit der parlamentarischen Reserve. (Die AfD schließe ich dabei
explizit aus: Sie ist politikunfähig und keine Alternative
für Deutschland.) Diese Erkenntnis nährt meine Verzweiflung, die ich eingangs erwähnte – obgleich ich von
Natur aus nicht zum Pessimismus neige. Ich sehe nur
weit und breit weder einen Kopf noch eine politische
Kraft, die das Wesentliche zum Besseren wenden könnte. Ich vernehme nur Pfeifen im Walde. Das nimmt
zwar ein wenig von der Furcht, löst aber keine Probleme. Und die türmen sich. Ich sehe auch keine Rei-
henfolge oder Prioritätenliste, nach der sie gelöst werden könnten. Gemäß der Feststellung Willy Brandts,
dass Frieden nicht alles sei, aber ohne Frieden alles
nichts, muss sowohl die Klimakastrophe als auch die
Gefahr eines globalen Krieges abgewendet werden.
Zeitgleich und nicht nacheinander. Die Lunte am ato-
maren Pulverfass glimmt und die Klimakatastrophe
leuchtet am Horizont – auch wenn wir das gern verdrängen und uns stattdessen lieber mit Gendarstern-
chen und Cancel Culture, mit veganem Essen und der
Breite von Fahrradwegen beschäftigen.

Wir werden täglich mit Nachrichten vom Krieg in
der Ukraine bombardiert, aber liefern lieber schwere

Waffen statt gewichtige Vorschläge, wie die Beteiligten das Morden beenden könnten. Für jede der Konfliktparteien ist augenscheinlich Verhandeln gleichbedeutend mit Kapitulieren – weshalb man es ablehnt und der Gegenseite dafür die Schuld gibt. Die Ukraine wähnt sich auf der Siegerstraße wie auch die Russen es tun. Beide Seiten feuern die Propaganda-Kanonen ohne Pause, jede Nachricht sollte darum kritisch auf ihren Wahrheitsgehalt überprüft werden, was aber nach meinem Eindruck hierzulande großenteils unterbleibt. Die ukrainischen Blendgranaten nimmt man gern als *die* Wahrheit, während die Geschosse der russischen PR-Haubitzen schon deshalb ignoriert werden, weil sie russischer Herkunft sind.

Wer beschäftigt sich schon kritisch mit der Haltung der Kiewer Regierung von Washingtons Gnaden, wer missbilligt Selenskyjs großmäulige Forderungen?

Wir wissen: Russland ist der Aggressor, der Völkerrecht brach – die Ukraine verteidigt sich und nennt das einen gerechten Krieg. Darin pflichten wir Kiew grundsätzlich bei. Artikel 51 der UN-Charta erlaubt einem angegriffenen Staat das »naturgegebene Recht« zur Selbstverteidigung. Er kann sich so lange wehren und verteidigen, so lange er kann und will.

Allerdings – und das ist der springende Punkt – bedeutet das nicht, dass die Kriegsführung des Verteidigers keine moralischen Grenzen hätte. Zwei davon nannte beispielsweise Reinhard Merkel in einem Essay in der *Frankfurter Allgemeinen Zeitung* am 28. Dezember 2022. Merkel ist emeritierter Professor für Strafrecht und

Rechtsphilosophie der Universität Hamburg und gehörte bis 2020 dem Deutschen Ethikrat an.

Für ihn waren diese moralischen Grenzen »erstens das Risiko eines Nuklearkriegs und zweitens ein unerträgliches Missverhältnis zwischen den Zielen der Selbstverteidigung und deren Kosten an menschlichem Leben und Leid – nicht nur der Zivilbevölkerung, sondern auch der Soldaten.«

Daraus schloss Merkel auch: »Der Schutz des globalen Friedens hat Vorrang vor der Gerechtigkeit.«

Kiew habe darum eine *Pflicht*, Verhandlungen zu führen und »deren konzessionslose Ablehnung zu beenden. Diese Pflicht ist, im Unterschied zu der Moskaus, kein unmittelbares Gebot des Völkerrechts, wohl aber eines der politischen Ethik«, so Merkel weiter. »Denn die Ukraine ist kausal beteiligt an der fortdauernden Erzeugung des Elends dieses Krieges.«

Aber eben das will man weder in Kiew noch in Berlin, weder in Washington noch in Brüssel hören. Ja, man hat dort insofern Recht, als der Angreifer Russland die Pflicht hat, seine Aggression zu beenden. Aber ebenso hat das Aggressionsopfer die moralische Pflicht, »mögliche Alternativen zur Fortsetzung des blutigen Grauens zu erwägen und in Verhandlungen zu klären«.

Nein, sagte Merkel weiter, es sei auch nicht Sache der Ukraine allein, ob sie verhandeln wolle oder nicht. »Jeder Krieg, sein Beginn, seine Dauer wie sein Ende, ist von gravierender Bedeutung für die ganze Welt.«

Und er machte auch auf einen weiteren Aspekt aufmerksam. Die angekündigte Rückeroberung der Krim durch die Ukraine »wäre nicht die Fortsetzung der Verteidigung gegen die russische Aggression vom vergangenen Februar, sondern selbst ein bewaffneter Angriff. Das sollte die Bundesregierung bei weiteren Waffenlieferung bedenken«, warnte Merkel. »Sollten die künftigen Lieferungen irgendwann zur Rückeroberung der Krim verwendet werden, würde aus diesem Fehler eine Verletzung des Völkerrechts.« Durch Deutschland.

Auch bei der Krim gehe es nicht um Besitz-, sondern um Friedensschutz. »Die Bewohner der Halbinsel fühlen sich mehrheitlich als Russen; längst vor 2014 wollten sie den staatsrechtlichen Wechsel. Diesen nun mit Gewalt zu revidieren, dafür Tausende weiterer Menschenleben zu zerstören und unauslöschliche Spuren des Hasses in den Überlebenden zu hinterlassen, schriebe einen düsteren Plan für die Zukunft der Krim und ihrer Bewohner.«

Vernünftige Stimmen wie die von Prof. Merkel, logische Argumente, vorgetragen von Klaus von Dohnanyi, Oskar Lafontaine oder selbst von Henry Kissinger sind selten und dringen kaum durch. Der Ex-Außenminister, Präsidentenberater und Friedensnobelpreisträger Kissinger hatte auf dem Weltwirtschaftsforum in Davos von der Ukraine gefordert, für einen Frieden auf Gebiete wie die Krim oder Teile des Donbass zu verzichten. Europas Stabilität sollte nicht »wegen ein paar Quadratkilometern« aufs Spiel gesetzt werden. Kissinger bezog dafür Prügel von allen Seiten, in Kiew reagierte man empört, weshalb der 99-jährige zurückruderte. »Ich habe nur gesagt, dass die Verhandlungen für ein Friedensabkommen da anfangen sollten, wo der Krieg im Februar begonnen hat, mit dem Status quo ante«, erklärte er in einem TV-Interview mit *CNN*.

Wie Kissinger bezog natürlich auch Reinhard Merkel verbale Prügel. Die *FAZ* publizierten sogleich umfängliche polemische Beiträge und Leserbriefe. Vornehmlich Fachwissenschaftler, und die mehrheitlich aus Berlin, kritisierten und betrieben akademische Flohknackerei, wobei mit demagogischen Keulen hantiert wurde: »Solange Putin an seinem Ziel festhält, das Territorium der Sowjetunion wiederherzustellen, muss er mit allen Mitteln daran gehindert werden«, forderte ein Schreiber aus Hamburg.

Putins angebliches »Ziel« war eine Erfindung des Zeitgeistes, eine Behauptung. Und was verstand der Briefeschreiber unter »mit allen Mitteln«?

Neben den vielen *FAZ*-Kommentaren fand sich eine einzige zustimmende Wortmeldung. Die galt aber weniger dem Inhalt des monierten Merkel-Textes, sondern mehr der Zeitung, die ihn veröffentlicht hatte, weshalb er wohl Berücksichtigung fand unter den vielen »Briefen an die Herausgeber« in der Causa Merkel. »Ich danke Ihnen, dass Sie Reinhard Merkel so ausführlich zu Wort kommen ließen. Merkels anregende Gedanken finden selten genug Eingang in die veröffentlichte Meinung und schon gar nicht in die Gedanken führender Politiker. Ihre Zeitung bildet hier eine Ausnahme. Ein Qualitätsblatt hat die Aufgabe, auch ein vom Mainstream abweichendes Denken einem breiteren Publikum vorzustellen. Dieser Artikel war das Beste, was ich seit Langem zum Ukrainekrieg gelesen habe. Dr. Dr. Maren Krohn, Bremen.« Tue Gutes und rede darüber, wusste schon Georg-Volkmar Graf Zedtwitz-Arnim.

Der Berliner *Tagesspiegel*, wie die *FAZ* und die *Zeit* zur Holtzbrinck-Gruppe gehörend, ließ Merkel durch den »Osteuropa-Historiker« Karl Schlögel schlachten. »Dieser Jurist (ist) bloß eine Stimme Putins«, sagte er im Interview am 11. Januar 2023. Und wie solle man mit Putin umgehen? »Mit Unnachgiebigkeit.«

Für Verhandlungen gebe »es keinen Grund«.

Neben der Weidendammer Brücke an der Berliner Friedrichstraße, fast auf Pegelhöhe der Spree, befindet sich ein Lokal, dessen exorbitante Preise dem königlichen Namen der Restauration adäquat ist. Trotzdem ist der Laden immer voll. Über der Fensterfront blinkt eine Zeile, und sie spiegelt sich malerisch im Wasser des Flusses, wenn man über die Brücke eilt: Capitalism kills love. Der Kapitalismus tötet die Liebe. Nun muss dieser Spruch nicht deshalb falsch sein, weil er weltweit an vielen Gebäuden zu finden ist (man ist überrascht, wie viele Fotos im Internet stehen). Aber mit einer solchen Losung ausgerechnet einen sauteuren Gaumentempel zu schmücken, ist schon ein wenig degoutant.

Aber das ist Trend. Inzwischen sind selbst die einstigen Propheten des Neoliberalismus und Hegdefonds-Milliardäre vom eigenen Glauben abgefallen und fordern öffentlich, dass der Kapitalismus »dringend und grundsätzlich« reformiert werden müsse. Sonst gehe er verdientermaßen zugrunde. Ausgewiesene Superkapitalisten klingen inzwischen wie Fans von Karl Marx, befand der *Spiegel* in seiner ersten Nummer des Jahres 2023 und knallte den berühmten Bartträger gleich zwei Mal ins Blatt: auf den Titel und im Innenteil.

Es wurde eine Reihe internationaler Ökonomen, Philosophen und Wirtschaftshistoriker aufgeboten, die die These teilten, dass dieses Wirtschaftsmodell »von Grund auf fehlerhaft sei«. Sogar die *Financial Times* – »internationales Sprachrohr der Finanzmärkte« – habe festgestellt, das es an der Zeit sei, dass der Neoliberalismus von der Weltbühne abtrete.

Als Historiker erinnere ich mich in diesem Kontext an das erste Parteiprogramm der CDU. In Ahlen in Westfalen hatten sich die Christdemokraten unter Konrad Adenauer am 3. Februar 1947 ins Stammbuch geschrieben: »Das kapitalistische Wirtschaftssystem ist den staatlichen und sozialen Lebensinteressen des deutschen Volkes nicht gerecht geworden. Nach dem furchtbaren politischen, wirtschaftlichen und sozialen Zusammenbruch als Folge einer verbrecherischen Machtpolitik kann nur eine Neuordnung von Grund aus erfolgen. Inhalt und Ziel dieser sozialen und wirtschaftlichen Neuordnung kann nicht mehr das kapitalistische Gewinn- und Machtstreben, sondern nur das Wohlergehen unseres Volkes sein. Durch eine gemeinwirtschaftliche Ordnung soll das deutsche Volk eine Wirtschafts- und Sozialverfassung erhalten, die dem Recht und der Würde des Menschen entspricht, dem geistigen und materiellen Aufbau unseres Volkes dient und den inneren und äußeren Frieden sichert.«

An das Ahlener Programm möchte die Christdemokraten so wenig erinnert werden wie ihre Gegenspieler im linken Lager an den Aufruf der KPD vom 11. Juni 1945, in dem es geheißen hatte: »Schluss mit der Spaltung des schaffenden Volkes! Keinerlei Nachsicht gegenüber dem Nazismus und der Reaktion. Nie wieder Hetze und Feindschaft gegenüber der Sowjetunion; denn wo diese Hetze auftaucht, da erhebt die imperialistische Reaktion ihr Haupt!« Aber eben auch: »Wir sind der Auffassung, dass der Weg, Deutschland das Sowjetsystem aufzuzwingen, falsch wäre. [...] Wir sind vielmehr der Auffassung, dass die entscheidenden Interessen des deutschen Volkes in der gegenwärtigen Lage für Deutschland einen anderen Weg vorschreiben, und zwar den Weg der Aufrichtung eines antifaschistischen, demokratischen Regimes, einer parlamentarisch-demokratischen Republik mit allen demokratischen Rechten und Freiheiten für das Volk.«

Vergangen und vergessen, obwohl damals wie heute richtig.

Und ausgerechnet die Protagonisten und Nutznießer dieser kapitalistischen Ordnung stellen heute die Systemfrage. »Können wir mit dieser Wirtschaftsordnung so weitermachen? Mit einem Klimakiller-Kapitalismus, der auf immer mehr getrimmt ist: immer mehr Konsum, Profit, Wachstum? Und dabei stets mehr Ungerechtigkeit hervorbringt?« Fragt der *Spiegel*.

Ich finde es bemerkenswert, dass vor allem die Jüngeren sich plötzlich wieder Marx zuwenden, dem Geschmähten, dem der Realsozialismus und sein Scheitern in die Schuhe geschoben worden war. (Unvergessen das Poster von Roland Beier, das Anfang der neunziger Jahre im Osten die Runde machte. Ein betroffen dreinschauender Karl Marx erklärt: »Tut mir leid, Jungs! War halt nur so 'ne Idee von mir.«)

»Tatsächlich hat sich Marx viel intensiver als allgemein bekannt mit den ökologischen Folgen des Kapitalismus beschäftigt«, befand der japanische Philosophieprofessor Kohei Saito. Er verfasste dazu eine Dissertation – an der Berliner Humboldt-Universität 2016. Inzwischen wurde sein Buch »Das Kapital im Anthropozän« in Japan eine halbe Millionen Mal verkauft, 2023 soll eine englische Übersetzung folgen.

Die riesige Resonanz erklärte sich der in Tokio lehrende Autor, ein Mittdreißiger, mit den Erfahrungen der »Exzesse der Globalisierung«. »Warum sollen wir so weitermachen, unser ganzes Leben auf Arbeiten, Geldverdienen, Konsumieren ausrichten, das fragen sich hier viele jüngere Generationen.«

Sein Plädoyer für einen »marxistischen Schrumpfkurs« habe den Zeitgeist getroffen, urteilte der *Spiegel*. Und schob der Feststellung die Frage nach: Kann Karl Marx, der seine Kapitalismuskritik vor 150 Jahren formuliert habe, wirklich eine Antwort auf die Krisen von heute liefern?

»Saito findet: jedenfalls eher als all die Politiker, die wenig verbindliche Nachhaltigkeitsziele als Lösung verkaufen.«

Geistig und altersmäßig nicht weit von Saito entfernt ist auch Eva von Redecker, die bis vor wenigen Jahren noch als Mitarbeiterin am Lehrstuhl für praktische Philosophie/Sozialphilosophie der Humboldt-Universität zu Berlin tätig war. Sie redet, mit Bezug auf Marx, einem »Sozialismus für das 21. Jahrhundert« das Wort – einer »Gemeinschaft der Teilenden«. Anstatt Güter zu verwerten, sollte man sie teilen. »Wir könnten pflegen, was uns anvertraut ist, anstatt es zu unterwerfen.« Für sie ist der Kapitalismus in seiner jetzigen Form nicht zukunftsfähig. Und dieser Kapitalismus ist untrennbar mit einer bestimmten Form des Eigentums verbunden.

Die Systemfrage war und bleibt also in erster Linie eine Eigentumsfrage. Das wusste schon Karl Marx.

Egon Bahr schrieb 2005 in einem Brief an den ostdeutschen Schauspieler Lutz Riemann: »Willy Brandt hat gesagt: Je älter er werde, umso linker werde er. Mir geht es nicht anders.«

Ich glaube, dass ich in dieser Hinsicht Egon Bahr ziemlich ähnlich bin.

Ich hatte im Vorwort davon gesprochen, dass ich mein Buch als einen Test hinsichtlich der Belastbarkeit der vom Grundgesetz garantierten Meinungsfreiheit verstehe. Warten wir also die Reaktionen ab.

Haben wir eine Zukunft?

Ich weiß es nicht. Aber ich hoffe. Für meine Kinder und Enkel.

Trotz allem Zweifel bleibe ich nämlich ein grimmiger Optimist. Die Menschen fanden in der Geschichte stets weiter, selbst als die Welt voller Teufel war und unterzugehen drohte. Die Menschheit im Allgemeinen und die Deutschen im Besonderen haben in der Vergangenheit immer Auswege gefunden und Krisen gemeistert. Die Bewahrung des Friedens als höchstes Gut ist primär. Aber nicht minder wichtig ist die dringende Erneuerung unseres Gemeinwesens. Dazu muss das gesamte Kreativpotential der Gesellschaft erschlossen werden. Es steckt in allen Generationen. Und wir brauchen eine Revolution im Bildungswesen, vom Kindergarten bis zu Universitäten müssen wir in die Köpfe investieren. Geist ist nun mal das wichtigste Kapital mit der höchsten Rendite. Darüber reden viele – aber nicht jeder hat dies auch schon begriffen.

Vor der Revolution schrecken nämlich noch immer die meisten zurück. Warum wohl?

Personenregister

Adenauer, Konrad 31, 47, 58, 59, 121, 131, 150, 151, 187, 198, 200, 237
Albrecht, Ernst 24
Arendt, Hannah 29
Austin, Lloyd J. 203

Baerbock, Annalena 163, 204
Baring, Arnulf 70
Bahr, Egon 22, 110, 111, 112, 120, 150, 240
Bartsch, Dietmar 86
Beier, Roland 239
Benn, Gottfried 19, 149, 155, 157
Benz, Carl 46
Brecht, Bertolt 187
Biden, Joe 131, 206, 225, 228, 229
Biedenkopf, Kurt 28, 29, 32, 33, 61, 170, 171, 172, 173, 175
Bismarck, Otto von 22, 23, 37, 43, 59, 118, 123, 166
Blair, Tony 216
Blinken, Antony 225
Bösch, Frank 107
Boghardt, Thomas 151
Booß, Christian 81
Brandt, Willy 28, 58, 149, 150, 151, 231, 240
Breuel, Birgit 72, 73
Brzezinski, Zbigniew 111
Bubis, Ignatz 185
Bush, George 84
Bush, George W. 84, 110

Cameron, David 123
Carter, James 111
Clausewitz, Carl von 89, 91, 121
Clinton, Bill 84, 146, 216
Clinton, Hillary 217

Daimler, Gottlieb 46
Dahrendorf, Ralf 28
Diebitsch, Hans Karl von 91
Dobrindt, Alexander 217
Dönhoff, Marion Gräfin 94, 95, 97, 98
Dohnanyi, Klaus von 19, 112, 149, 230, 234
Donges, Juergen B. 72, 75
Dostojewski, Fjodor M. 135

Erhard, Ludwig 150, 170, 195, 196, 197, 198, 199, 200, 201
Ertl, Josef 149

Felfe, Heinz 152
Festerling, Tatjana 176
Fischer, Joseph (»Joschka«) 56, 213, 214, 215
Ford, Gerald 100
Frantz, Justus 128
Franziskus, Papst 223
Freiligrath, Ferdinand 89

Gabriel, Sigmar 107
Gast, Gabi 152
Gates, Bill 83
Gaulle, Charles de 121, 201, 203, 211
Gaulle, Pierre de 211, 212, 213
Gaus, Günter 11
Genscher, Hans-Dietrich 99, 100, 101
Goebbels, Joseph 192

Gorbatschow, Michail S. 38, 60, 117, 213
Gromyko, Andrej A. 99
Gysi, Gregor 9, 35

Habeck, Robert 85, 204
Häussler, Rudolf 28, 33, 34, 36
Hagen, Nina 15
Haldane, John Scott 19
Hável, Vaclav 116
Heine, Heinrich 39, 76, 89
Heinemann, Gustav 223
Heitmann, Steffen 29, 31
Henzler, Herbert A. 19
Heusgen, Christoph 107
Heuss, Theodor 47
Heyer-Stuffer, Anna 65, 66
Hitler, Adolf 107, 125, 163, 185
Höppner, Reinhard 79, 81, 87, 94, 97
Holbroke, Richard 97
Holthoff-Pförtner, Stephan 80
Holzer, Dieter 62, 63
Honecker, Erich 100, 136, 196
Honecker, Margot 60
Hooven, Eckart van 24
Huizinga, Johan 119
Hundt, Dieter 61

Jackson, Janet 207
Johnson, Lyndon B. 199, 201
Jürgs, Michael 31

Kappler, Renate 26
Kennedy, John F. 199, 200, 201
Kermani, Navid 86
Kiechle, Ignaz 60
Kirchhof, Paul 211, 219, 220, 221
Kissinger, Henry 234, 235
Knappertsbusch, Felix 183, 184

Knappstein, Karl Heinrich 183, 184
Kohl, Helmut 28, 31, 48, 58, 59, 60, 61, 62, 63, 79, 80, 95, 108, 121, 151, 217
Köpping, Petra 85
Körber, Kurt A. 26, 27, 29
Korte, Jan 41
Kreisky, Bruno 36
Kretschmer, Michael 180, 181
Krohn, Maren 236
Kujat, Harald 128
Kyrill I., Wladimir M. Gundjajew 208, 209

Lafontaine, Oskar 202, 203, 204, 205, 234
Larsen, Henrik 159, 160
Lassalle, Ferdinand 19
Lauterbach, Karl 41, 85
Lehmann, Jens 218
Lenin, W. I. 10, 145
Lindgren, Astrid 214
Lindner, Christian 204
List, Friedrich 120
Lübcke, Walter 85
Luxemburg, Rosa 26

Maas, Heiko 163, 164
Macron, Emmanuel 203, 228
Maischberger, Sandra 158
Marx, Karl 10, 197, 237, 238, 239, 240
Merkel, Angela 32, 41, 44, 46, 48, 49, 50, 51, 52, 53, 54, 55, 56, 57, 58, 59, 126, 154, 155, 156, 176, 181, 217, 220, 221
Merkel, Reinhard 232, 233, 234, 235, 236
Merz, Friedrich 41, 55, 59, 181, 218, 219

Mitterrand, Francois 61, 121
Mischnick, Wolfgang 23
Modrow, Hans 28
Mohring, Mike 85
Moke, Werner 30
Müntefering, Franz 42

Napoleon 58, 90, 91, 93, 211
Necker, Tyll 72, 73
Niemann, Heinz 202
Nuland, Victoria 156

Obama, Barack 38, 108, 109, 208
Özdemir, Cem 85
Orosz, Helma 177
Orwell, George 82
Otto, Michael 24

Pätzold, Kurt 93
Petry, Frauke 178
Pfahls, Ludwig-Holger 62, 63
Piper, Ernst 90
Platzeck, Matthias 79, 81, 87, 88
Polgar, Alfred 90
Putin, Wladimir W. 38, 55, 106,
108, 117, 118, 129, 131, 137,
133, 145, 146, 186, 206, 215,
235, 236

Quandt, Johanna 23

Ratzinger, Joseph 211
Rau, Helmut 31, 33
Redecker, Eva von 239
Redeker, Bruno 128
Reichenbach, Klaus 30, 31, 32, 33
Reusse, Peter 167, 168
Richter, Michael 29, 30, 31
Riemann, Lutz 240
Röller, Wolfgang 23

Roosevelt, Franklin D. 197
Rosenbach, Harald 199
Roth, Claudia 85

Saito, Kohei 239
Sanders, Bernie 217
Sarazzin, Thilo 19
Schaller, Wolfgang 217
Schäuble, Wolfgang 57, 58, 59
Schirrmacher, Frank 165, 166
Schlesinger, Helmut 23
Schlesinger, Patricia 191
Schlögel, Karl 236
Schmalstieg, Herbert 24
Schmidt, Helmut 100, 183
Scholl-Latour, Peter 156, 157,
158, 159
Scholz, Olaf 80, 150, 204, 217
Schröder, Gerhard 24, 57, 154,
182
Schumpeter, Joseph 197
Schwab, Klaus 34, 35
Seehofer, Horst 48, 86
Sensburg, Patrick 155
Selenskyj, Wolodymyr 197, 232
Siemens, Werner von 46, 227
Smith, Winston 82
Snowden, Edward 154
Soleimani, Kassem 138
Solschenizyn, Alexander 133, 134
Späth, Lothar 19, 28, 29, 30, 31,
33, 34, 61, 68, 69, 72, 74, 75
Stalin, Josef 125, 135, 185, 212
Steinbrück, Peer 155
Steinmeier, Frank-Walter 57,
122, 123, 155
Stolpe, Manfred 28
Stolte, Dieter 23
Strack-Zimmermann, Marie-
Agnes 152

Strauß, Franz Josef 44, 198

Talleyrand-Périgord, Charles-Maurice 90
Tarallo, André 63
Teltschik, Horst 107, 108, 128
Teufel, Erwin 31, 33
Thurow, Lester C. 116, 117
Tito, Josip Broz 156
Töpfer, Antje 66
Trump, Donald 11, 85, 105, 201, 206
Truss, Liz 225
Tschaikowski, Pjotr I. 135

Ulbricht, Walter 196

Vaatz, Arnold 30, 32
Vad, Erich 126, 127, 161
Vauchez, Jean-Claude 63

Voltaire 90
Voss, Karl Ulrich 105, 106

Wagner, Herbert 29, 31, 32
Wallmann, Walter 23
Walser, Martin 185
Wangerin, Claudia 175
Weizsäcker, Richard von 95
Wiese, Franz 49
Wilder, Billy 202
Wilders, Geert 176
Wilson, Woodrow 105. 109, 110, 111, 115
Wolffsohn, Michael 163, 164

Yorck, Ludwig von 191, 192

Zedtwitz-Arnim, Georg-Volkmar Graf 236
Zimmer, Bartholomäus 172

Literatur

Bahr, Egon / Riemann, Lutz: Annäherung durch Wandel. Kalter Krieg und späte Freundschaft, Berlin 2022

Beil, Gerhard: Außenhandel und Politik. Ein Minister erinnert sich, Berlin 2010

Berghofer, Wolfgang: Meine Dresdner Jahre, Berlin 2001

Berghofer, Wolfgang: Keine Figur im Schachspiel. Wie ich die »Wende« erlebte. Berlin 2014

Biedenkopf, Kurt: Wir haben die Wahl. Freiheit oder Vater Staat, Berlin 2011

Breuel, Birgit / Necker, Tyll / Späth, Lothar / Donges, Juergen, B.: Erhaltung inudstrhieller Kerne in Ostdeutschland, Baden-Baden 1993

Brzeziński, Zbigniew: Die einzige Weltmacht: Amerikas Strategie der Vorherrschaft. Frankfurt am Main 2001 (4. Aufl.)

Döpfner, Mathias: Die Freiheitsfalle. Ein Bericht, Berlin 2011

Dohnanyi, Klaus von: Nationale Interessen. Orientierung für deutsche und europäische Politik in Zeiten globaler Umbrüche, 6. Aufl., München 2022

Dunsch, Jürgen: Gastgeber der Mächtigen. Klaus Schwab und das Weltwirtschaftsforum in Davos, München 2017

Erhard, Ludwig: Wohlstand für alle. 3. Aufl., Berlin 2020

Henzler, Herbert A. / Späth, Lothar: Die zweite Wende. Wie Deutschland es schaffen wird, Weinheim und Berlin 1998

Herre, Franz: Bismarck. Der preußische Deutsche, Augsburg 1997

Höppner, Reinhard (Hrsg.): Leben mit der DDR, Halle 2000

Huizinga, Johan: Im Bann der Geschichte. Betrachungen und Gestaltungen, Basel 1943

Jürgs, Michael: Der Tag danach. Vom Verlust der Macht und dem Ende einer Liebe, vom schnellen Tod und von einem neuen Leben, München 2005

Kirchhof, Paul: Der sanfte Verlust der Freiheit. Für ein neues Steuerrecht – klar, verständlich, gerecht, München und Wien 2004

Knappertsbusch, Felix: Antiamerikanismus in Deutschland, Bielefeld 2016

Krause-Burger, Sibylle: Der Macht auf der Spur, Zürich 1991

Lafontaine, Oskar: Ami, it's time to go! Plädoyer für die Selbstbehauptung Europas, Frankfurt am Main 2022

Lenin, W. I.: Der Imperialismus als höchstes Stadium des Kapitalismus, Berlin 1966

Lüders, Michael: Wer den Wind sät. Was westliche Politik im Orient anrichtet, 11. Aufl., München 2015

Merkel, Angela: Rede anlässlich des Festaktes zum Tag der Deutschen Einheit am 3. Oktober 2021 in Halle/Saale

Mies, Ullrich (Hg.): Mega-Manipulationen. Ideologische Konditionierung in der Fassadendemokratie, Frankfurt/Main 2020

Pätzold, Kurt: 1813. Der Krieg und sein Nachleben, Berlin 2013

Sarrazin, *Thilo*: Deutschland schafft sich ab. Wie wir unser Land aufs Spiel setzen, 4. Aufl., München 2010

Scharnagl, Wilfried: Am Abgrund. Streitschrift für einen anderen Umgang mit Russland. Mit einem Vorwort von Michail Gorbatschow, München und Berlin 2015

Schirrmacher, Frank: Das Methusalem-Komplott. Die Macht des Alterns, München 2004

Schöllgen, Gregor / *Schröder, Gerhard*: Letzte Chance. Warum wir jetzt eine neue Weltordnung brauchen, München 2021

Steingart, Gabor: Die unbequeme Wahrheit. Rede zur Lage unserer Nation, München 2020

Thurow, Lester: Kopf an Kopf. Der kommende Wirtschaftskampf zwischen Japan, Europa und Nordamerika, Düsseldorf 1993

Wagenknecht, Sahra: Wahnsinn mit Methode. Finanzcrash und Weltwirtschaft, Berlin 2008

Wie kam in den achtziger Jahren die Städtepartnerschaft zwischen Dresden/DDR und Hamburg/BRD zustande? Darüber berichtete Wolfgang Berghofer in seinem 2014 erschienenen Buch »Keine Figur im Schachspiel«

Im Sommer 1986, ein Jahr vor Honeckers Staatsbesuch in der Bundesrepublik, präsentierte die Villa Hügel in Essen die Ausstellung »Barock in Dresden«. Dass rund 600 Kunstwerke von uns für fünf Monate ausgeliehen und ausgerechnet in der Krupp-Residenz gezeigt wurden, lag an der engen Beziehung zwischen Berthold Beitz und Erich Honecker, welche nicht nur die Jagdleidenschaft miteinander teilten. Die beachtliche Resonanz, die die »Mammutschau« (*Die Zeit* am 13. Juni 1986) fand, sorgte nachhaltig dafür, dass nicht nur der Fokus des bürgerlichen Feuilletons auf Dresden, die Kultur- und Kunstmetropole der DDR, gerichtet blieb.

Ich selbst war damals zur Eröffnung nach Essen eingeladen worden und hatte eine Begegnung mit Oberbürgermeister Peter Reuschenbach. Der SPD-Politiker und seine Mitarbeiter schilderten mir ihre Probleme, die mir nicht fremd waren. Und ich verhehle nicht den Neid, der mich damals befiel, als ich die Lösungen sah, die sie mir mit Stolz zeigten, etwa eine Müllverbrennungsanlage, die damals als die modernste Europas galt. Ich sah einen funktionierenden Nahverkehr, interessante Beispiele des sozialen Wohnungsbaus und Siedlungen mit hübschen Einfamilienhäusern. Das beeindruckte mich damals sehr.

In jener Zeit wuchs in der Bundesrepublik merklich das Interesse an deutsch-deutschen Städtepartnerschaften, was wohl auch daran lag, dass Ansinnen dieser Art nicht wie früher in Berlin schroff abgewiesen wurden. Dafür gab es gewiss viele Gründe. Das Entgegenkommen ausschließlich auf Erich Honeckers Ehrgeiz zurückzuführen, in der Bundesrepublik auf Gutwetter zu machen und sein Ansehen verbessern zu wollen, greift zu kurz.

Die erste Verbindung war zwischen Eisenhüttenstadt und Saarlouis 1986 geschlossen worden, es folgten im Jahr darauf Rostock und Bremen, 1988 kamen Naumburg und Aachen, Erfurt und Mainz, Karl-Marx-Stadt und Düsseldorf, Dessau und Ludwigshafen, Potsdam und Bonn und weitere große und kleine Städte hinzu. Dresden war von Hamburg ins Auge gefasst worden, schließlich floss durch beide Städte die Elbe.

Ein Vorstoß des Ersten Bürgermeisters der Freien und Hansestadt Hamburg war 1985 ins Leere gelaufen. Klaus von Dohnanyi wiederholte sein Ansinnen zwei Jahre später, als er Gast der 750-Jahr-Feier Berlins und des aus diesem Anlass stattfindenden internationalen Treffens von Bürgermeistern war. Honecker reagierte auf die Anfrage mit einem Gegenvorschlag und brachte Magdeburg ins Gespräch, schließlich läge die Domstadt ebenfalls an der Elbe. Warum er das tat, vermag ich nicht zu sagen, aber immerhin sagte er von Dohnanyi Prüfung des Vorschlages zu. Kurz vor Weihnachten 1987 wurde schließlich offiziell die Städtepartnerschaft zwischen Dresden und Hamburg besiegelt.

Ein diplomatisches Manöver, das zwischen mir und dem Chef der Senatskanzlei, Walter Schmid, abgestimmt worden war, hatte Honeckers Entscheidung beschleunigt. Zu dessen 75. Geburtstag schrieb Klaus von Dohnanyi. Das Schreiben wurde auf der Seite 2 des *Neuen Deutschland* (»Weitere Glückwünsche aus aller Welt für Erich Honecker«) am 27. August 1987 veröffentlicht. Es stand nach den Honeurs des FDP-Vorsitzenden Martin Bangemann, Bayerns Ministerpräsidenten Franz Josef Strauß, dessen Amtkollegen aus dem Saarland und Rheinland-Pfalz, Oskar Lafontaine und Bernhard Vogel, sowie Bremens Bürgermeister, Klaus Wedemeier.

Von Dohnanyis Schreiben hatte folgenden Wortlaut: »Sehr geehrter Herr Staatsratsvorsitzender, zu Ihrem 75. Geburtstag möchte ich Ihnen – auch im Namen des Senats der Freien und Hansestadt Hamburg – herzliche Glückwünsche aussprechen. Für die Zukunft wünschen wir Ihnen persönliches Wohlergehen und Gesundheit.

In diesen Tagen erhielt ich einen Brief von Oberbürgermeister Berghofer. Er wird im Oktober nach Hamburg kommen. Ich freue mich, dass die Idee der Städteverbindung Hamburg – Dresden damit in ein konkretes Stadium getreten ist. Wir alle hoffen, dass Ihr Besuch in der Bundesrepublik erfolgreich sein wird.«

Damit war der Parteiapparat, der offenkundig eine andere Partnerschaft im Auge hatte, ausgehebelt. Denn was einmal schwarz auf weiß im Zentralorgan stand, durfte niemand mehr korrigieren.

Im Frühsommer des folgenden Jahres fand ein erstes Arbeitstreffen der beiden Bürgermeister in Hamburg statt. Von Dohnanyi, der am 1. Juni 1988 zurückgetreten war, brachte seinen Nachfolger Henning Voscherau mit. Offiziell hatte der damals 59-jährige von Dohnanyi Amtsmüdigkeit vorgeschoben, zwanzig Jahre in der Politik seien genug. Ich vermutete aber, dass ihn die zweithöchste Arbeitslosenrate aller Bundesländer (13,5 Prozent) und die Staatsverschuldung von 18 Milliarden D-Mark belasteten und er deshalb den Bettel hingeworfen hatte. Das *Hamburger Abendblatt* warf ihm überdies einen »Hang zum Einzelgängertum« vor, eine Neigung, die mir nicht ganz fremd ist.

Die Partnerschaft mit Hamburg bot mir die Möglichkeit, mit führenden Sozialdemokraten wie Klaus von Dohnanyi, Egon Bahr und Henning Voscherau über konkrete Friedenspolitik, frei von Ideologie, zu diskutieren. Das fand zwar nicht die Zustimmung der Leitungen meiner Partei, wurde aber hingenommen. So schreibt Egon Bahr in seinem Buch »Zu meiner Zeit«: »Bei jedem Treffen wurden deutsche Sicherheitsinteressen diskutiert, und der Oberbürgermeister Wolfgang Berghofer demonstrierte Geschick und Mut, artikulierte unangreifbar wie unüberhörbar seine systemkritische ›versöhnlerische‹ Position.«

Weiter schreibt er, inzwischen auf den Jahreswechsel 1989/90 bezogen: »Bestimmt nicht auf kurze, aber wohl auf längere Sicht konnte es für die Machtverhältnisse in Deutschland eine interessante Perspektive werden, mit einer linkssozialistischen demokratischen Partei zusammenzuwirken und damit der SPD den Kampf um die Mitte zu erleichtern – dachte ich. Brandt waren solche Überlegungen nicht fremd. Vogel blieb misstrauisch, vorsichtig, bedacht, der Union keine Angriffsflächen zu öffnen und geradlinig gegenüber den Freunden der SDP (*im Oktober 1989 hatte sich in der DDR eine sozialdemokratische Partei konstituiert – W. B.*), die mit einer derartigen Linie überfordert wären, sie jedenfalls nicht wollten. Daran änderte sich nicht einmal etwas, als der stellvertretende Vorsitzende der PDS, Wolfgang Berghofer, gewissermaßen zum Beweis seiner Ehrlichkeit auch ohne Absprache mit der SPD, aus der Partei mit einer Gruppe reformerischer ehemaliger SED-Mitglieder austrat.«

Mit Voscherau, einem nüchternen Pragmatiker, verständigte ich mich 1988 rasch auf die Schwerpunkte unserer Zusammenarbeit: Friedenspolitik, Umweltschutz, Stadtplanung und Kultur.

Im Mai 1989 feierte Hamburg den 800. Geburtstag seines Hafens, des größten in Europa nächst Rotterdam. Wir nahmen mit dem Raddampfer »Dresden« am Jubiläum teil. Etwa 15.000 neugierige Hamburger besuchten das Schiff aus der DDR.

Den 60 Dresdnern, die an Bord mitgereist waren und mit dem Schiff auch wieder zurückkehrten, standen knapp 20.000 entgegen, die Dresden im ersten Halbjahr 1989 für immer verlassen hatten. Die meisten, die »rübergemacht« waren, hatten die vierzig noch nicht überschritten. Es handelte sich mehrheitlich um qualifizierte junge Menschen, die für sich und ihre Familie in der DDR keine Perspektive mehr sahen. Sie wollten in der Bundesrepublik einen neuen Anlauf nehmen und waren darum ausgereist.

Der Verlust an Vertrauen in den Staat und seine führende Kraft war immens. Man spürte ihn nicht nur, er ließ sich an solchen Zahlen oder etwa den Untersuchungen des Zentralinstitutes für Jugendforschung (ZIJ) in Leipzig klar ablesen. Dessen Studien wurden nicht grundlos wie ein Staatsgeheimnis behandelt und darum weggeschlossen. Statt daraus Schlüsse zu ziehen und die Politik zu korrigieren, erhöhte man intern den Druck. Denn alles war, wie schon erwähnt, lediglich ein »ideologisches Problem«.

So überraschte es denn kaum, dass der für die Parteiorgane zuständige ZK-Sekretär Horst Dohlus ein Vierteljahr vor den Kommunalwahlen die 2. Sekretäre der SED-Bezirksleitungen auf »die Organisierung eines überzeugenden Wahlergebnisses am 7. Mai« einschwor. Was darunter zu verstehen war, schrieb er auch: »Das Wahlziel besteht darin, eine überwältigende Stimmabgabe und Zustimmung für die Kandidaten der Nationalen Front zu erreichen und ein machtvolles Vertrauensvotum der Bürger der DDR zu ihrem sozialistischen Staat der Arbeiter und Bauern, zur Politik der SED, zum Sozialismus und dem gesellschaftlichen Fortschritt vor aller Welt abzulegen. Wir stellen uns die Aufgabe: Bisher erreichte Wahlergebnisse erneut zu erreichen und zu bestätigen.« Bisher gab es in der Honecker-Ära kein Wahlergebnis unter 98 Prozent. […]